EXAMEN

D'UN

AS DE CONSCIENCE POLITIQUE

D'UN LÉGITIMISTE

Par L. D.

Dédié à la Souveraineté Nationale

PRIX : 1 FRANC

PARIS

LIBRAIRIE ANDRÉ SAGNIER, 9, RUE VIVIENNE

1873

EXAMEN

D'UN

CAS DE CONSCIENCE POLITIQUE

D'UN LÉGITIMISTE

Par L. D.

Dédié à la Souveraineté Nationale

PRIX : 1 FRANC

PARIS

LIBRAIRIE ANDRÉ SAGNIER, 9, RUE VIVIENNE

1873

EXAMEN

D'UN CAS DE CONSCIENCE POLITIQUE

D'UN LÉGITIMISTE

DÉDIÉ A LA SOUVERAINETÉ NATIONALE

Première Lettre du Légitimiste.

MONSIEUR,

Nous aurons bientôt à faire de nouvelles élections, pour nommer une Assemblée constituante. Or, il importe que, pour le salut de la France, tous les honnêtes gens s'unissent dans une sainte alliance, afin de faire autour d'eux une ardente propagande électorale, et diriger l'opinion publique, si faussée de nos jours par la presse démagogique.

Certains hommes animés de bonnes intentions, mais turbulents plus que de raison, se bercent en vain de l'idée de fonder en France, une république durable. Les aspirations de tous les paisibles habitants des campagnes, des laborieux et honnêtes ouvriers des villes, par conséquent les aspirations de l'immense majorité du peuple, sont pour la monarchie. Mais la monarchie ne peut avoir une existence efficace pour assurer la prospérité et le repos d'une nation, qu'en vertu du principe de la souveraineté héréditaire dans une seule famille.

Or, qu'est-ce que la souveraineté, sinon le pouvoir absolu? Il suit de là qu'elle n'est pas de création humaine et que les hommes ne peuvent la donner. En effet, tout composé doit se sentir des qualités et des défauts des éléments qui le composent. Donc il faudrait que chaque citoyen eût en sa puissance le souverain pouvoir, pour qu'il pût venir directement de l'homme. On aura beau, sans cela, ajouter les millions de suffrages aux millions de suffrages, dans des votes exprimés aussi librement que possible, quelque énorme que soit le chiffre de l'addition des suffrages, il ne représentera qu'un pouvoir fini, résultat du pouvoir partiel de chaque votant.

Le plus grand pouvoir que chaque homme possède ici-bas, est, sans contredit, celui de tuer son semblable, en cas de légitime défense. La plus forte somme de pouvoir que les hommes, réunis en socié, en corps de nation, pourront donner à celui qu'ils auront choisi pour les gouverner, consistera donc à lui conférer le droit de punir de mort tout individu du corps social, dont les actes tendraient à la dissolution de ce corps, ou qui seraient un attentat à la vie d'un ou de plusieurs de ses membres.

Mais, vous le savez, toute loi constituante d'un

peuple doit, avant tout, avoir pour effet de lier la conscience des sujets dans les contrats, résultat qu'elle ne peut obtenir sans être basée sur le droit naturel, qui n'est autre que le droit divin.

Posé d'une part que la souveraine puissance ne peut venir directement des hommes, il faut donc qu'elle vienne de Dieu. D'autre part, l'absolu excluant l'idée de pluralité, il suit que la souveraine puissance, qui est la même chose que l'absolu, ne peut être qu'une.

D'où je conclus que tout chef de nation, librement élu, règne en vertu du droit divin, ou de la puissance souveraine que Dieu lui a déléguée, au moyen du vote de la nation librement exprimé par ses représentants politiques. De là le vieil adage : *Vox populi, vox Dei!* ou, en d'autres termes : La voix de Dieu se manifeste par la voix du peuple.

Supposons maintenant que le chef élu n'ait accepté le titre de roi qu'à la condition qu'il sera transmissible à ses descendants par voie héréditaire. Vous êtes forcé de conclure, avec moi, que le pacte fondamental de l'acceptation et de la transmission du pouvoir lie également les descendants du roi et les descendants de la nation, tout aussi bien que l'engagement, légalement contracté civilement par un père de famille, lie les enfants de celui-ci à l'égard de ceux avec qui il a contracté. Par conséquent, toute nation et tout individu de cette nation qui, au mépris de son serment ou du serment prêté par ses aïeux, se choisirait un autre chef et chercherait à renverser le chef légitime, ou se ferait nommer chef lui-même, se rendrait coupable de félonie, de trahison et d'usurpation.

Telle est actuellement, par rapport au comte de Chambord, la situation politique des partisans de la souveraineté nationale, qui soutiennent que les libéraux de 1830 n'ont fait que leur devoir, en renversant du trône le dernier roi légitime qui ait régné en France.

Voilà, Monsieur, mon *Credo* politique. J'ose espérer qu'il sera conforme au vôtre, et que vous voudrez bien nous aider de votre concours. En sortant de la réserve politique où vous avez jugé à propos de rester, pendant les dix ans que vous venez de passer dans notre arrondissement, vous ne ferez que suivre l'exemple des honnêtes gens influents qui, en présence des périls de tous genres au milieu desquels la patrie se trouve, ne sauraient demeurer spectateurs oisifs sans forfaire aux devoirs les plus sacrés.

Agréez, Monsieur, etc.

Réponse à la première Lettre.

MONSIEUR,

En réponse à la lettre que vous m'avez fait l'honneur de m'écrire, je viens vous dire que je vous promets mon concours le plus actif pour une propagande électorale sagement progressive et conciliante. Mais je dois vous avouer que je ne puis admettre vos principes politiques sur le souverain pouvoir. Il me semble que vous faites, à ce sujet, une erreur capitale. Vous confondez le souverain pouvoir en soi, ou, ce qui est la même chose, la nature, l'essence du souverain pouvoir, avec son exercice ou sa délégation.

Je vous accorde que le souverain pouvoir est immuable par sa nature, et que rien au monde ne saurait, dans aucun cas, l'enlever légitimement à celui qui le possède. Quittons ce souci, l'immuabilité n'appartenant qu'à Dieu seul.

Mais il ne saurait en être ainsi pour l'exercice du pouvoir souverain, délégué à un chef de nation. Il n'y a pas à faire de longues recherches dans les annales historiques des peuples, pour acquérir la certitude que l'autorité souveraine y a été administrée légitimement, en dehors des droits de l'hérédité, suivant les temps, les mœurs, les coutumes.

Je partage votre avis sur l'origine de la souveraineté. Nul ne pouvant donner ce qu'il n'a pas, les citoyens d'un même Etat auront beau nommer des mandataires pour voter et discuter des lois, celles-ci ne pourront avoir une force obligatoire pour la conscience des sujets, si elles ne reposent point sur des droits immuables, antérieurs à toute loi écrite.

Mais si la délégation du pouvoir souverain avait le

caractère de l'irrévocabilité, elle serait immorale dans plus d'un cas. Ne fut-il pas toujours admis, comme principe incontestable, que, dans un contrat, toute clause portant atteinte à la liberté de la conscience, à la liberté morale, doit être regardée comme nulle et de nul effet.

Ce que vous me dites des engagements contractés civilement par un père de famille, lesquels font partie du patrimoine transmis aux enfants par voie héréditaire, me paraît plus propre à battre en brèche votre thèse qu'à la consolider. En effet, vous savez tout aussi bien que moi, que la loi civile permet aux enfants de répudier la succession de leur père, et de se soustraire ainsi légalement aux engagements des auteurs de leurs jours, quand ces engagements peuvent amener leur ruine, ou même quand ils sont immoraux.

N'allez pas dire qu'il ne s'agit que de la loi civile dans le cas cité; je vous répondrais que le même principe me paraît applicable, à plus forte raison, aux choses de l'ordre politique, où les abus ont des conséquences bien autrement importantes que celles concernant la violation et les abus de la loi civile.

Je ne puis donc admettre vos conclusions relatives à l'occupation du trône de France, que vous ne tiendrez pour légitime, dites-vous, qu'autant qu'elle reposera sur le principe du droit héréditaire de la race capétienne. Pour moi, il n'y a pas de roi ou de chef plus légitime que celui qu'une nation se choisit librement, et qui gouverne en vertu du principe du droit naturel.

Agréez, Monsieur, etc.

Deuxième Lettre du Légitimiste.

Monsieur,

Votre réponse m'a quelque peu surpris, venant d'un homme qui passe pour un ami zélé de l'ordre. A Dieu ne plaise que j'entreprenne ici votre conversion politique. Mais permettez-moi d'entrer dans quelques détails pour justifier mes convictions royalistes.

Il est incontestable que l'homme est né pour vivre en société. Les efforts des imaginations les plus extravagantes qui ont tenté de prouver le contraire, sont tous venus échouer devant le fait de la permanence de l'homme en société, depuis sa création jusqu'à nos jours, tout aussi bien chez les peuples sauvages et barbares que chez les peuples policés.

Le terme du progrès n'est pas au départ, mais au bout de la carrière, et le premier signe de vie d'un être animé est celui de sa nature; son premier acte, c'est sa nature prise sur le fait.

Que si l'on n'a jamais trouvé nulle part d'hommes

vivant en dehors de toute société, il est non moins vrai que l'on n'a jamais rencontré de société humaine sans un gouvernement quelconque. Une vérité historique également hors de toute atteinte, c'est que, plus les pouvoirs sous lesquels ont vécu les peuples ont été forts sans tyrannie, plus les peuples ont été heureux et à l'abri des guerres civiles, fléau le plus redoutable qui puisse frapper une nation.

Reportez vos souvenirs à la fondation de la monarchie française, et voyez ce qui se passait quand les enfants de nos rois se partageaient le royaume à la mort de leur père... Suivez, examinez attentivement le progrès de la nation dans le bien-être, et vous verrez qu'il s'est accru à mesure que l'autorité royale s'est approchée davantage du pouvoir fort, indiscutable, absolu. Etait-il heureux le peuple quand florissait cette féodalité arrogante, dont les chefs, devenus indépendants à un tel point qu'ils ne reconnaissaient plus l'autorité royale, accablaient d'impôts et de charges de toutes sortes, suivant leur bon plaisir, les vilains soumis à leur juridiction? Est-ce qu'aujourd'hui un pouvoir fort, incontestable et par conséquent absolu, n'est pas nécessaire plus que jamais pour réprimer les abus de tous genres, les violences, les complots subversifs de cette autre féodalité qu'on appelle la démagogie, bien plus redoutable encore que la féodalité du moyen-âge, et qui est l'ennemi juré de tout ordre social basé sur le droit divin, le vrai droit naturel?

Mais pour que le pouvoir soit fort, il faut qu'il soit un, sans rival. Ce qui est impossible, s'il est contestable légalement ; car entre deux, ou un plus grand nombre de personnes qui prétendent à la possession d'une chose, il ne peut y avoir qu'un seul possesseur légitime, quand cette chose est indivisible par sa nature, comme le souverain pouvoir.

Or, le pouvoir ne sera qu'un simulacre de souveraineté, si vous admettez, comme vous me le faites supposer dans votre réponse, qu'une nation qui en a délégué l'exercice à un roi, avec transmission héréditaire, peut le lui ôter légitimement, quand bon lui semble.

Donc votre théorie du pouvoir souverain n'est pas admissible, donc j'ai le droit de conclure que les descendants de la race Capétienne sont les seuls rois légitimes en France.

Veuillez agréer, etc.

Réponse à la deuxième Lettre.

MONSIEUR,

De l'aveu par moi fait, dans ma réponse à votre première lettre, qu'il n'y avait pas de roi plus légitime que celui choisi librement par une nation, vous en concluez, à tort, que mon opinion est qu'une nation peut renverser légitimement un roi héréditaire, quand bon lui semble.

Vous vous trompez également, si vous croyez que je ne suis point partisan d'un gouvernement fort, sans rival, par conséquent indiscutable. Nous sommes peut-être bien d'accord sur la chose, mais non sur les moyens. Si je vous ai compris comme il faut, vous croyez qu'un gouvernement ne peut être fort, indiscutable, qu'autant que son chef jouit de la prérogative de l'inamovibilité, et que le pouvoir, irrévocablement fixé dans sa famille, se trouve transmissible à ses descendants, envers et contre tout. Je ne serais pas surpris que l'intrépidité de vos convictions légitimistes vous amenât, quelque jour, à soutenir que tous les excès, toutes les tyrannies d'un Néron, d'un Caligula, etc., accumulés sur la tête du roi, ne justifieraient pas, pour vous, sa déchéance.

Quant à moi, malgré tout le respect que j'ai et que j'aurai toujours pour le chef du pouvoir légitime, je crois et je croirai toujours que l'idolâtrer serait une infamie.

Permettez-moi de vous dire que, si vous êtes conséquent avec vos principes, vous ne devez pas avoir une fort grande estime pour le premier roi Capétien, qui, à vos yeux, ne doit être qu'un usurpateur. Que ceci ne vous fasse point hausser les épaules. Ecoutez, si vous avez de la logique : vous m'accorderez, j'imagine, que la monarchie, en France, vient de l'élection. Le principe de l'hérédité fut admis chez les Francs, par suite de la coutume qu'avaient les ancêtres de choisir, presque toujours, leurs chefs ou leurs rois dans la même famille. C'est ainsi que fut fondée la race des Mérovingiens, qui, tombée dans le mépris à cause de la prépondérance qu'elle avait laissé prendre aux maires du palais, fut remplacée, après 271 ans de règne, par la race Carlovingienne, dans la personne de Pépin, que les grands de la nation, convoqués à Soissons, élurent pour roi, malgré les droits héréditaires de Childéric, dernier descendant de la race Mérovingienne.

La race Carlovingienne est remplacée, à son tour, par l'élection, après un règne de 236 ans et après avoir donné quatorze souverains à la France, au nombre desquels figure le grand Charlemagne. A la mort de Louis V, la couronne appartenait par voie d'hérédité à Charles, duc. de Lorraine, oncle de Charles V et fils du roi Louis d'outre-mer. Mais la majorité des grands seigneurs de France, rassemblés à Senlis, décida que Hugues Capet prendrait le titre de roi, à l'exclusion du duc Charles. C'est en vain que celui-ci proteste et qu'aidé des comtes de Flandre, de Vermandois, de Troyes, de Poitiers et de Toulouse il soutient pendant plus de deux ans, par la force des armes, ses droits à la couronne. Livré par trahison à Hugues Capet dans la ville de Laon, dont

Charles était parvenu à se rendre maître, il est enfermé, avec sa famille, dans la tour d'Orléans, où il meurt.

Cela expliqué, ou bien vous croyez que les Capet ont été des usurpateurs, ou bien que la promotion du premier capétien au trône, faite par les électeurs de Senlis, est on ne peut plus légitime. Si oui, la légitimité des rois capétiens et de leurs descendants se résume, pour vous, en une simple question de prescription, de possession d'Etat plus ou moins séculaire. Si non, nous sommes d'accord, vous admettez comme moi, le principe de la souveraineté nationale, ou ce qui est la même chose, le droit que Dieu a donné à une nation de déléguer l'exercice du souverain pouvoir et d'abroger, dans un cas de nécessité politique, la loi concernant l'hérédité du trône.

Veuillez agréer, Monsieur, etc.

Troisième Lettre du Légitimiste.

MONSIEUR,

L'objection contenue dans la dernière lettre que vous m'avez fait l'honneur de m'écrire, me paraît peu difficile à résoudre.

De l'existence d'un héritier mâle direct, lors du

décès du dernier roi Carlovingien, qui a régné en France, vous concluez que Hugues Capet, en acceptant le trône offert par la majorité des électeurs de ce temps, avait commis une usurpation. Mais vous avez donc oublié que Charles, duc de Lorraine, s'était rendu odieux à la nation, en se faisant le vassal d'Othon, empereur d'Allemagne, auquel il s'était joint pour déclarer la guerre à la France? Il eut tout simplement le sort d'un roi conspirateur, qui devenu traître à la patrie, mérita la déchéance. Du reste le duc de Lorraine n'avait que suivi les errements de Charles-le-Gros, un de ses ancêtres, qui, un siècle plus tôt, avait été déposé à la diette de Triburs, pour avoir eu la lâcheté d'obtenir, à prix d'or, la retraite des Normands, lors du siége de Paris, que Gosselin son évêque et Eudes avaient défendus avec tant de courage.

Puis, soit par faiblesse, impuissance ou tout autre motif, l'autorité royale était tellement méconnue sous le règne des derniers Carlovingiens, que les grands vassaux de la Couronne ne dataient plus leurs chartes que du règne de Dieu, *Deo regnante*, afin de donner à leurs lois et règlements, l'autorité qui pût obliger la conscience des populations soumises à leur suzeraineté, comme si l'autorité royale, qui est la suprême manifestation de la puissance de Dieu sur la terre, eût disparu de France. Sous ces nouveaux rois fainéants, les domaines de la Couronne avaient été tellement amoindris que, pendant le règne de

Raoul, ils étaient presque réduits à la ville et au comté de Laon.

Voilà ce qu'était devenu entre les mains des successeurs de Charlemagne, le plus vaste empire de l'Europe. Mais, à cette époque, où le droit n'était rien, ou presque rien, s'il n'était appuyé par la force, le nom de roi n'eût été qu'un vain titre, si la possession de vastes domaines n'en eût rehaussée et mis la Majesté en vedette.

Or, sous le règne de Lothaire, Hugues-le-Grand, père du fondateur de la race Capétienne, était, par ses possessions territoriales et sa puissance, le souverain réel d'une grande partie de la France. Néanmoins, au lieu de prendre la couronne que lui offraient les autres grands vassaux, il embrassa, contre les plus puissants, le parti du roi, qu'il aida à s'affermir sur le trône de ses pères. Ce fut aussi Hugues Capet, continuateur de la politique si désintéressée de Hugues-le-Grand, qui plaça sur le trône le successeur de Lothaire. Mais Louis V mort, était-il convenable que Capet prêtât son concours et plaçât sur le trône le duc de Lorraine, seul héritier légitime de la couronne, et qui, peu auparavant, s'était associé à l'empereur d'Allemagne, pour porter la guerre en France.

Telle était la situation du pouvoir souverain, lorsque la majorité des grands vassaux de la couronne, pour mettre fin à toute intrigue, à toute compétition au trône, élurent pour roi Hugues Capet, duc de France et petit neveu du roi Eudes.

Si un pareil avènement au trône ne vous paraît pas légitime, veuillez me dire au plus tôt, je vous prie, ce qui lui manque pour l'être.

En attendant, agréez, je vous prie, etc.

Réponse à la troisième lettre.

Monsieur,

Je me hâte de vous dire qu'il ne manquait absolument rien à l'avènement de Hugues Capet pour être légitime. Je crois que nous finirons par nous entendre. Quoique l'hérédité soit à vos yeux, dans presque tous les cas, le seul moyen légitime de posséder le trône, en France, tant qu'il reste un représentant direct du dernier roi décédé, vous admettez pourtant que si cet héritier, traître à la patrie, s'est rendu odieux à la nation, et s'il a fait tomber dans le mépris l'autorité royale dont il était revêtu, la nation peut légitimement prononcer la déchéance d'un tel prétendant héréditaire.

Nous voici donc d'accord jusque-là. Il ne nous reste plus qu'à nous entendre sur les motifs qui peuvent amener un résultat si grave.

Autres temps, autres mœurs. Habitués que nous sommes à jouir, depuis trois quarts de siècle, de la conquête de nos libertés civiles et politiques, aujourd'hui que tous les Français sont égaux devant la loi, que les trois grands pouvoirs exécutif, législatif et judiciaire, doivent être parfaitement indépendants les uns des autres, que tous nos droits publics sont garantis par la constitution de l'Etat, je suis d'avis que, si le roi empêchait l'exercice de ces droits, revendiqués avec tant d'énergie par l'opinion publique, la nation pourrait légitimement proclamer sa déchéance. Qu'en pensez-vous?... Et si passer à l'ennemi et prendre les armes contre sa patrie fut un crime de trahison, qui, suivant votre aveu, justifia la déchéance de la race Carlovingienne, pourquoi Louis XVIII, restauré sur le trône de France par les baïonnetes étrangères, n'aurait-il pas encouru la même peine, ainsi que Charles X qui, avant d'être roi, s'était enrôlé sous le drapeau de l'étranger, pour porter les armes contre sa patrie?

Appelant sur ce point délicat toute votre attention, j'ose compter sur une réponse courte et aussi précise que possible.

Agréez, Monsieur, etc.

Quatrième lettre du Légitimiste.

Monsieur,

Je n'aurai pas beaucoup de peine, apparemment, à vous faire comprendre la différence immense existant entre la situation politique du duc de Lorraine, et de nos deux derniers rois héréditaires, Louis XVIII et Charles X.

A l'avènement de Hugues Capet, il y avait près d'un siècle que les rois Carlovingiens s'étaient rendus odieux à la nation, en laissant tomber l'autorité royale si bas que l'on ne savait plus s'il y avait encore un roi en France. Or, la nation française pouvait-elle laisser régner encore une race royale qui, depuis si longtemps, ne savait plus se faire obéir par ses grands vassaux, dont bon nombre se livrait à des concussions de tous genres, à l'égard de ceux qui dépendaient de leur suzeraineté ?

Ce fut donc par cause d'utilité publique, pour éviter une catastrophe prochaine, que les électeurs politiques de l'époque, réunis à Senlis, proclamèrent la race Carlovingienne déchue du trône de France, pour y être remplacée par Hugues Capet et ses descendants.

Pouvait-on, je vous le demande procéder, plus légalement?... Mais en a-t-il été ainsi, quand la Révolution de 1830 a renversé Charles X?... Y avait-il utilité publique? Le pouvoir était-il tombé dans le mépris? Avait-il manqué de force, de dignité pour se faire obéir au dedans? Non, certes, et la conquête d'Alger venait d'illustrer au dehors par une autre victoire, l'antique et glorieux drapeau blanc.

Quant à l'opposition systématique faite par une poignée de libéraux, adeptes incorrigibles des sans-culottes de 1793, je comprends très-bien qu'ils ne pouvaient pardonner à Louis XVIII d'avoir été placé sur le trône de ses pères par les puissances étrangères, à Charles X de s'être enrôlé sous les étendards de la coalition contre la France. Mais qu'est-ce que cela prouve au fond? Est-ce que la grande majorité de la nation, lassée de l'ambition guerrière de Napoléon, ne soupirait pas après le repos et la paix? Est-ce que le commerce, l'agriculture, l'industrie et, en un mot, toutes les forces vives de la nation française, ne réclamaient pas avec non moins d'instance que la rupture de l'équilibre européen, les secours d'une coalition armée, pour placer sur le trône de France, l'héritier légitime de cette grande lignée capétienne, qui avait signé tous les traités d'où était résulté la carte européenne et dont la restauration pouvait seule alors assurer à la France une paix durable?

Donc vous êtes obligé de convenir qu'il n'y avait aucune espèce de similitude, de parité à établir entre la situation politique de Charles, duc de Lorraine, et celle de Charles X.

Veuillez agréer, Monsieur, etc.

Réponse à la quatrième Lettre.

MONSIEUR,

Vous prétendez qu'il n'y a pas la mointre parité entre la situation politique de Charles, duc de Lorraine, et celle de Charles X. Permettez-moi de n'être pas tout à fait de cet avis.

Admettez-vous que deux hommes de même qualité, qui violent, de la même manière, le même principe de justice, de morale sociale, doivent subir la même peine? Eh bien! ce simple énoncé contient, en raccourci, toute l'histoire de la déchéance des deux Charles. Tous deux issus de sang royal, tous deux appelés au trône de France par l'hérédité, tous deux s'enrôlant sous le drapeau de l'étranger pour porter les armes contre leur patrie, dans le but, savoir : pour le duc de Lorraine, de prendre la couronne qu'il croyait lui appartenir en vertu de la constitution de l'Etat; pour Charles X, d'asseoir son frère sur le trône dont lui-même était l'héritier présomptif et qu'il croyait être le patrimoine de ses aïeux, de par le pacte fondamental de Senlis.

Ce que je trouve de plus surprenant dans vos appréciations sur ces deux princes, c'est que vous prétendez justifier surtout la déchéance du premier, parce que ses aïeux avaient laissé tomber dans le mépris l'autorité royale, et qu'il y avait nécessité politique urgente de lui rendre son prestige. Mais le duc de Lorraine était-il la cause de cet abaissement de la suprématie royale, vous dirai-je ? Et qui peut vous assurer que ce prince n'aurait point fait revivre sur le trône, en y montant, bon nombre des grandes capacités administratives de son aïeul Charlemagne ? Vous savez que pendant deux ans il soutint ses droits à la couronne avec une énergie, une habileté qui fit trembler plus d'une fois Hugues Capet, auquel il fut livré par trahison.

Il est vrai que lorsque Charles X fut couronné, ses aïeux n'avaient point laissé tomber l'autorité royale dans le mépris pour cause d'incurie et de faiblesse ; mais en revanche, de quelles fautes d'abus de pouvoir et de lèse-libertés publiques et individuelles ne s'étaient-ils pas rendus coupables ?

Quant aux qualités personnelles des deux princes, la revendication que vous savez du duc de Lorraine, prouve surabondamment qu'il pouvait devenir un grand roi, tandis que le manque de courage moral et de suite dans les idées, l'entêtement dans les résolutions prises, les bornées de l'esprit et la pusillanimité vertigineuse dans les cas suprêmes, auraient dû rendre le trône inaccessible au comte d'Artois.

En outre, vous ne trouverez nulle part dans l'histoire, que le duc de Lorraine, prétendant de la couronne, n'avait pas l'esprit de son temps, en principes politiques, qualité pourtant indispensable à un chef de nation pour gouverner sagement, tandis que tous les historiens s'accordent à dire que le comte d'Artois, avant comme pendant son règne, était l'adversaire le plus implacable des conquêtes que la nation avait faites de ses libertés civiles et politiques. Avant de monter sur le trône, ce prince aimait à répéter qu'il n'y avait que lui et M. de Lafayette qui n'eussent pas changé depuis 1789.

Voilà les principaux points de similitude et d'inparité, si ce mot est ici admissible, que je trouve entre ces deux hommes. Cela dit, j'en reviens à la concession que vous m'avez faite dans votre dernière lettre et d'après laquelle vous êtes d'avis qu'un roi, qui s'est rendu traître et odieux à la nation, peut être renversé légitimement; car il reste encore à nous entendre sur les causes qui peuvent amener un fait de cette importance.

Or, pensez-vous qu'un roi héréditaire, qui a octroyé une charte, ou bien qui a juré fidélité à celle existant lors de son avènement, s'est rendu traître et par conséquent odieux à la nation, en empêchant par son droit de *veto*, la mise en pratique des lois garanties par la Constitution, quand les mœurs, les usages, le progrès, les circonstances l'exigent ?

En attendant votre réponse, que je vous prie de me faire désirer le moins longtemps possible, veuillez agréer, Monsieur, etc.

Cinquième Lettre du Légitimiste.

MONSIEUR,

Vous vous laissez donc effrayer, vous aussi, par un mot dont les bonnes vieilles du parti constitutionnel se servaient autrefois, à Paris, pour faire taire leurs marmots en pleurs, à qui elles disaient : Gare, gare ! si tu n'es pas sage, je vais chercher le père *Veto* qui t'emportera chez lui, dans sa poche !! Moi, fort de mon principe, je ne m'effraie de rien en politique. C'est pour cela que je vous accorderai, sans crainte de me compromettre, ce que vous me demandez, à savoir : Qu'un roi qui a trahi son serment en violant la charte qu'il avait juré d'observer et de faire observer, est devenu certainement traître à la patrie et a mérité la déchéance.

Cette concession faite, j'appellerai votre attention sur la loi de l'hérédité, loi antique, loi regardée toujours et partout comme sacrée, loi si nettement formulée par le vieil adage juridique : *Semel hæres, semper hæres.* Vous savez que d'après cette loi, on ne peut plus de droit étroit, et qui ne peut souffrir qu'une seule exception, le cas d'expropriation pour cause d'utilité publique, nul ne saurait déposséder légitimement un individu saisi d'une chose par la voie de l'hérédité. Pensez-vous que cette loi soit applicable au trône, à cette succession suprême des têtes couronnées, dont la personne et par conséquent les biens furent toujours regardés comme sacrés par la constitution de tous les peuples? Si oui, puisqu'il n'y a dans le pacte de Senlis, en vertu duquel Hugues Capet a été appelé au trône avec pouvoir de le transmettre à ses descendants, aucune clause où l'on ait prévu et stipulé le cas de renversement de ce trône, et de bannissement de nos rois, il faudra donc que nos législateurs édictent une loi spéciale à cet égard. Vous n'avez pas besoin, j'espère, d'une méditation profonde pour saisir l'impossibilité morale et physique de la réalisation d'un projet pareil.

Agréez, Monsieur, etc.

Réponse à la cinquième Lettre.

Monsieur,

Je crois, comme vous, que la maxime juridique: *Semel hæres, semper hæres*, s'applique parfaitement à la succession du trône. Mais ce que je ne crois pas comme vous, c'est que les électeurs de Senlis ont donné à Hugues Capet la couronne de France, à la condition qu'elle serait héréditaire à toujours et sans réserve, dans sa famille.

Pour la justification de mon opinion, je vous renvoie au pacte de Senlis. Lisez-le bien attentivement une et deux fois, s'il le faut ; et même au besoin mettez vos lunettes. Cherchez bien et vous y trouverez une clause restrictive ; elle y est, j'en suis sûr ; car elle ne peut pas ne pas y être, et cela pour une raison que vous allez trouver péremptoire du premier coup, à savoir : Une nation ne peut pas plus qu'un simple individu se livrer, se donner corps et biens, sans condition, et aliéner sa liberté morale et physique.

Que si vous ne découvrez point avec les yeux du corps cette clause restritive dans ledit pacte, vous l'y découvrirez avec les yeux de l'esprit, qui vivifie quand la lettre tue.

Du reste, je ne me contenterai pas d'avoir de mon côté le bon sens et la vraisemblance. A défaut du contexte du pacte de Senlis, que je n'ai point sous les yeux et que je ne puis vous reproduire, j'invoque le témoignage des Etats-Généraux, et j'y trouve consignés les désirs, les protestations et les remontrances du Tiers-Etat, c'est-à-dire de la majorité du peuple français, quand les abus de l'autorité royale devenaient trop graves. Le droit réservé à la nation, du moins implicitement, de révoquer et de remplacer son roi, dans certains cas, malgré la condition d'hérédité acceptée à l'assemblée de Senlis par les déléguants et le délégué de l'autorité souveraine, était enraciné si profondément dans les esprits, et avait, par la tradition, pénétré dans les mœurs du peuple à un point tel que, dans les siècles où la masse du peuple et par conséquent l'immense majorité des Français, asservie au joug de la féodalité, était plus préoccupée de son bien-être matériel et de la conquête de ses libertés civiles, que de ses droits politiques, et n'avait pas encore assez d'indépendance pour protester efficacement en faveur de la souveraineté nationale contre les abus du gouvernement du roi, le peuple en appelait à la suprématie du pape, pour faire déposer le roi et se faire délier de son serment d'obéissance et de fidélité à son égard. Ce droit avait même revêtu une sorte de caractère sacré, par les cérémonies de l'Eglise, puisqu'au couronnement de nos rois héréditaires, le célébrant se retournant, à un moment donné, vers les assistants, leur demandait, en leur indiquant le roi, si c'était bien celui qu'ils avaient choisi pour régner sur eux.

Il y a plus encore : tant que la féodalité a été pour nos rois une puissance redoutable, tant qu'ils ne se sont point vus les plus forts et qu'ils n'ont point pu trôner en maîtres absolus, devant qui tout pliât, ils ont eux-mêmes reconnu implicitement, plus d'une fois, le droit de souveraineté à la nation. Témoin Philippe-le-Bel, qui, en 1302, convoqua les Etats-Généraux des trois ordres, pour discuter devant eux les prérogatives de la couronne, qu'il croyait mises en péril par le pape Boniface III, dont il s'était attiré les remontrances, en retenant le comte de Flandre prisonnier contre le droit des gens, d'après Boniface, et surtout en violant les priviléges du clergé français sur les biens duquel il avait taxé indûment un impôt.

De 1316 à 1328, c'est-à-dire dans un espace de 12 ans, les Etats-Généraux assemblés trois fois, firent trois fois un acte de souveraineté législative en interprétant la loi salique et en décidant que, d'après cette loi, les filles des rois de France étaient exclues du trône.

En 1484, les Etats-Généraux où toutes les provinces du royaume se trouvaient représentées, l'élection pour les trois ordres ayant été faite au chef-lieu de chaque bailliage et les paysans eux-mêmes y ayant pris part, les Etats-Généraux convoqués à Tours par Anne de Beaujeu, fille de Louis XI, après avoir jugé que la tutelle de Charles VIII, son frère, lui appartiendrait, votèrent les impôts et revendiquèrent le droit de les voter toujours. Dans cettte même assemblée, un des députés, le sire de la Roche, grand sénéchal de Bourgogne, alla, pour justifier le droit d'intervention des Etats dans le gouvernement, jusqu'à dire : « La royauté est une dignité, non un héritage... l'Etat est la chose du peuple... la souveraineté n'appartient pas aux princes, qui n'existent que par le peuple... Ceux qui tiennent le pouvoir par force ou de toute autre manière, sans le consentement du peuple, sont usurpateurs du bien d'autrui... Les Etats-Généraux sont les dépositaires de la volonté commune. Un fait ne prend force de loi que par la sanction des Etats. »

J'aime à croire, Monsieur, que vous voudrez bien conclure des explications contenues dans ma réponse, que ma théorie politique a bien quelque chose de bon, puis qu'elle a pour elle le bon sens, la tradition et l'histoire.

Agréez, etc.

Sixième Lettre du Légitimiste.

Monsieur,

Je sais très-bien que plusieurs de nos rois ont, dans des cas difficiles, convoqué les mandataires de la nation pour s'enquérir tout à la fois des besoins du peuple et avoir leurs avis sur les réformes à faire. Mais je ne vois pas précisément bien comment vous pouvez, d'après la logique d'Aristote, conclure de ce fait à la souveraineté nationale, malgré la transmission héréditaire du pouvoir souverain dans la même famille, consignée expressément dans la constitution.

Vous m'accorderez bien, j'espère, qu'un roi dans son royaume est, pour le moins, aussi puissant qu'un père dans sa famille. Vous serez bien d'avis aussi qu'un père de famille a parfaitement le droit de gouverner les siens et les affaires de sa famille, sans être obligé de consulter personne. Cela admis, supposons qu'un père de famille ait jugé à propos, pendant une longue période de sa vie, de rassembler autour de lui les plus sages et les plus éclairés de ses enfants parvenus à l'âge mûr, pour leur demander leurs avis et prendre leurs conseils, toutes les fois qu'il s'agissait d'affaires très-importantes et de décisions très-graves concernant la famille. Plus tard, et pour des motifs dont l'appréciation appartient à lui seul, ce père de famille s'avise qu'il est désormais inutile et peut-être même dangereux, pour la bonne harmonie de sa famille, de faire de semblables convocations.

Que diriez-vous de la logique de ceux qui prétendraient que les plaintes, les protestations, les remontrances des enfants d'un tel père, prouveraient que l'autorité paternelle a laissé prescrire ses droits et qu'elle ne peut plus se dispenser des conseils et de l'intervention de ses enfants, dans l'administration des affaires de la famille?

Ne prendriez-vous pas de pareilles conclusions

pour celles de gens n'étant guère familiers avec la logique d'Aristote ?

Or, si l'autorité paternelle est imprescriptible, et il le faut pour la prospérité de la famille, comment voulez-vous que l'autorité du roi ne le soit point, alors qu'elle est indispensable pour la paix et la prospérité de l'Etat ?

Pour conclure, votre théorie du souverain pouvoir ouvre la porte à toutes les révolutions politiques au lieu de la fermer, ainsi qu'il est de la nature du souverain pouvoir de le faire. Donc votre thèorie est fausse, donc elle n'est pas admissible.

Agréez, monsieur, etc.

Réponse à la sixième Lettre.

MONSIEUR,

Il me semble que, pour l'appui de votre thèse, vous auriez dû choisir un exemple plus heureux que celui tiré de l'imprescriptibilité des droits paternels sur la famille. J'y trouve une arme puissante pour battre vos principes en brèche.

Vous serez peut-être de mon avis, si vous réfléchissez un peu sur les conséquences des abus de la puissance paternelle, lesquels abus commencent par faire ôter au père de famille, la libre disposition de ses biens, et qui poussés plus loin amènent son interdiction, et qui poussés plus loin encore, entraînent la mort civile, ayant pour conséquence la perte de tous les droits de l'homme et de toutes les prérogatives de la paternité.

Me direz-vous que la loi écrite a prévu le cas où les excès de la puissance paternelle entraîneraient la perte de tous ces droits? Je vous répondrai : Est-ce que votre opinion, à vous, homme du droit divin monarchique, serait, par hasard, qu'une loi basée sur le droit naturel, n'existe qu'autant qu'elle est écrite et promulguée? S'il en est ainsi, je regrette beaucoup que vous vous dorlotiez dans de pareilles idées. Moi, j'estime qu'une loi n'est écrite et promulguée que pour crier : gare ! aux scélérats.

Témoin, par hasard, d'une scène où un père de famille emporté et trop jaloux de son autorité paternelle tue, dans un accès de colère, son enfant qui lui refuse d'obéir ; indigné, vous dites : ne mettra-t-on pas ce misérable entre les mains de la justice, pour lui apprendre que la puissance paternelle ne donne pas droit de mort sur les enfants? Mais s'il s'agit d'une grande bataille avec un peuple, à qui le roi de France a déclaré la guerre, sans consulter la nation, comme sous la monarchie absolue, sans motifs sérieux, par pure ambition, dans le seul but de satisfaire une rancune personnelle, comme on l'a vu plus d'une fois, vous restez froid, insensible au récit des horreurs de la guerre. Des milliers et des milliers d'hommes y trouvent la mort; des milliers et des milliers de pères de famille y ont trouvé la ruine. Un seul homme est la cause de tous ces maux : C'est le roi. Il commandait lui-même ses armées. Vainqueur, vous vous dites en pâmant de joie : Quel grand capitaine! Vaincu, vous criez par-dessus les toits à qui veut l'entendre : Le roi n'a point tort! Ses généraux l'ont trahi. Moi, je vous répondrai en criant, si je puis tout aussi fort que vous, mais du moins avec plus de bon sens et de raison : le premier traître en cette affaire, et peut-être le seul, c'est le roi!... Traître à la loi d'éternelle justice, si la guerre est injuste; traître à son pays au nom duquel il a déclaré une guerre contraire aux véritables intérêts nationaux; traître à l'égard des autres nations de l'Europe, dont il a rompu l'équilibre qu'il avait juré de maintenir; traître devant sa conscience, traître devant le présent, traître devant l'avenir, traître pour toujours!...

Aurez-vous l'audace de me répondre ironiquement : Eh bien, appliquez la loi à cet auguste coupable, si vous en avez une! Si point, inclinez-vous devant Dieu qui, un jour, rendra à chacun selon ses œuvres, tout aussi bien au roi qu'à l'artisan, devant Dieu qui envoie aux nations, quand il lui plaît, des rois fourbes, ambitieux ou despotes, pour les punir de leurs prévarications. Pour moi, je ne connais et n'approuve qu'une chose, le respect de la loi. Libre à vous de passer outre. Un père tue volontairement son enfant, crime prévu par la loi : peine, la mort. Le roi entreprend une guerre, il en a le droit de par la loi. Ses troupes sont battues et rebattues. La ruine d'une partie de la nation s'en suit. Le peuple crie, il a tort; laissez-le faire. Montrez-moi la loi en vertu de laquelle un roi héréditaire qui perd une bataille, encourt la déchéance du trône.

Plaisantes lois, va vous répliquer, avec moi, le peuple souverain législateur, plaisantes lois que celles qui n'ont de valeur qu'autant qu'elles sont consignées dans un code! Erreurs avant; vérités après. Ah! c'est ainsi que vous ajournez aux grandes assises de la vallée de Josaphat, la punition des crimes de lèse-majesté nationale commis par les rois que je m'étais donnés, en leur déléguant la puissance souveraine, ce patrimoine divin contre lequel nulle puissance humaine ne saurait prescrire? Eh bien, moi, peuple souverain législateur, je suis la loi vivante : je ne veux plus d'un roi qui détourne de leur but mes institutions; je reprends mes droits de souveraineté que je lui avais confiés et dont il a abusé à mon détriment, malgré mes protestations réitérées; que le roi s'en aille, ou je brise le trône que je lui avais dressé!!

Vous trouverez peut-être ma réponse conçue en termes un peu énergiques. Mais quand il s'agit de la souveraineté nationale contestée, est-ce qu'on peut en parler avec le même ton que l'on prend pour dire à son laquais : Collin, sellez mon cheval; je veux aller me promener au bois.

Résumons : il n'y a pas de loi qui n'ait, pour sanction, une pénalité. Or, les actes des hommes sont soumis à deux lois principales, dont l'une régit les actes extérieurs publics seulement, l'autre, les actes publics et les actes du for intérieur à la fois. Ces deux lois atteignent tout aussi bien les rois que les simples individus, puisque les rois sont aussi des hommes. Mais, dites-moi, je vous prie, où sera la sanction de la loi relative à la souveraineté héréditaire, si vous n'admettez point que Dieu a donné aux nations le droit de renverser les rois, pour des faits concernant l'exercice de la souveraineté? La logique vous contraint à admettre ce droit, ou à conclure qu'il y a une loi, celle de l'hérédité au trône, qui est exempte de toute sanction pénale; conclusion inadmissible.

Persisterez-vous à dire qu'il n'y a pas de loi écrite à cet égard? Je vous répondrai qu'elle existe quoique non écrite, parce que le droit naturel exige qu'une pénalité d'ordre public frappe quiconque viole publiquement la loi écrite en vertu de laquelle il exerce une fonction dans l'Etat, même celle de l'autorité suprême.

En second lieu, le droit naturel regarde comme nulle et de nul effet toute convention écrite ou non ayant pour résultat de lier la liberté des individus et, à plus forte raison, celle de tout un peuple; donc les électeurs de Senlis n'ont pu donner la couronne de France sans conditions et pour toujours à Hugues Capet et à ses descendants.

Troisièmement enfin, nul ne peut prescrire contre son titre, ni changer de son autorité privée et sans le consentement des autres ayants-droit, la nature du contrat en vertu duquel il possède; donc les descendants des Capétiens n'ont pu à eux seuls, sans l'intervention des mandataires de la nation et malgré une possession huit fois séculaire du trône, faire d'une possession originairement conditionnelle de par la loi naturelle, une possession purement irrévocable, quelle que soit l'énormité des abus du possesseur.

Sur ce, Monsieur, je prie Dieu qu'il vous ait en sa sainte garde.

Septième lettre du légitimiste.

MONSIEUR,

Je vous ai déjà fait l'aveu, dans une de mes lettres, que je n'entendais exempter pas plus les rois que le commun des mortels, de la loi morale commune à tous les hommes. J'admets donc avec vous qu'il faut une sanction à la loi de l'hérédité au trône, tout aussi bien qu'aux autres lois d'ordre public national. Mais vous voudrez bien, à votre tour, convenir, j'espère, que les libéraux de 1830 ont fait, de cette loi, l'application la plus injuste, la plus fausse et la plus incompétente qu'il soit possible d'imaginer. La plus fausse et la plus injuste, parce Charles X n'avait rien fait qui pût le rendre odieux à la nation; la plus incompétente, parce que les 219 députés qui ont proclamé roi Louis-Philippe, n'avaient reçu de leurs électeurs qu'un mandat représentatif pur et simple, auprès du gouvernement de Charles X, et qu'ayant juré obéissance et respect à la Charte, ils ne pouvaient changer la nature de leur mandat tout spécial, qu'ils ont converti en un mandat constitutif, de représentatif qu'il était.

Or, si d'une part Charles X n'a point mérité l'application de la pénalité de la loi et si, de l'autre, la majorité des députés de la nation lui a ravi le trône par une loi entachée de nullité, nous devons en conclure que la couronne de France appartient au petit-fils de Charles X, en vertu du pacte de Senlis, portant transmission du trône par voie héréditaire. Donc, le comte de Chambord est notre seul roi légitime; donc les électeurs, qui, librement consultés, voteraient pour appeler sur le trône de France, un autre individu, se rendraient coupables de spoliation.

Cela dit, Monsieur, je prie Dieu qu'il vous amène à de meilleurs sentiments politiques.

Réponse à la septième lettre:

MONSIEUR,

Malgré la meilleure volonté du monde, je ne puis admettre les conclusions contenues dans votre septième lettre.

Vous prétendez que le parti libéral de la Chambre, qui a renversé Charles X, a fait l'application la plus fausse et la plus injuste possible, de la sanction de la loi de l'hérédité au trône.

Si je mettais de pareils arguments au service de ma cause, je suis sûr que vous les taxeriez au moins d'exagération, pour ne rien dire de plus. Voyons, faites un effort sur vous-même, laissez quelques instants de côté tous préjugés de race et d'éducation, et figurez-vous que vous n'êtes non-seulement plus légitimiste de l'extrême droite, mais d'aucun parti politique. Transformez-vous en simple philosophe, qui ne connaît d'autre vérité que celle se trouvant au bout d'un syllogisme ou d'un dilemme, dont les prémices sont irrécusables. Puis prononcez entre votre argument et le mien. Votre point de départ, ou pour parler le langage du logicien, votre majeure est ainsi conçue : les libéraux de 1830 ont fait à Charles X une injuste et par conséquent fausse application de la sanction de la loi concernant la succession du trône en France, parce que le gouvernement de ce prince n'avait jamais rien fait qui pût le rendre odieux à la nation.

Ceci mérite un examen sérieux, vous répondra le logicien ; ouvrons l'histoire de ce règne, examinons ensemble les faits, et jugeons-les avec toute l'impartialité possible.

Notons d'abord que tous ceux qui s'occupaient de politique, en France, à l'avènement de Charles X, savaient que ce prince avait été, jusqu'alors, l'adversaire le plus intraitable des institutions basées sur le principe des conquêtes de 1789, malgré que depuis cette époque elles fussent entrées profondément dans les mœurs, les habitudes, les coutumes et les lois de la nation. Dès le début de son règne, ce prince s'efforça de faire oublier son passé par les premières paroles qu'il adressa aux pairs et aux députés, ainsi qu'aux principaux corps de l'Etat, venus tour à tour pour le complimenter de son avènement au trône. Puis le 29 septembre l'ordonnance de censure contre la presse fut rapportée. Tous les journaux, y compris ceux de l'opposition, prenant la parole du nouveau roi pour un présage d'une politique plus libérale, et partant plus conforme à la Charte et aux aspirations de la majorité de la nation, que le système gouvernemental du règne précédent, retentirent d'abord des louanges adressées à Charles X. Mais une vive déception ne tarda pas à succéder à l'espoir de la nation. Moins de trois mois après son entrée à Paris, en qualité de roi, 250 officiers, dont un bon nombre occupait les plus hauts grades de l'armée, sont mis à la retraite. Etait-ce le moyen de se rendre plus sympathique à l'armée, où l'on savait que dans la plupart des régiments les soldats, en criant vive le Roi ! dans les revues, ajoutaient à voix basse, le mot de Rome ? Etait-ce le moyen de se rendre populaire, ce que Charles X désirait pourtant beaucoup, de rayer des cadres, ces officiers qui avaient promené le drapeau victorieux de la France dans toutes les capitales de l'Europe, et dont plusieurs partis des rangs du peuple, étaient devenus pour lui le symbole de l'honneur et de la vaillance militaire ?

Cette mesure impolitique est bientôt suivie d'une série de projets de lois contraires à l'esprit de la Charte, projets dont on savait que Charles X était le promoteur. C'est d'abord le projet de loi relative aux vols sacriléges commis dans les églises. Présentée à la Chambre malgré l'avis du président du conseil, cette loi fut sans résultats pour la société et elle souleva une immense irritation contre le gouvernement, tout en compromettant alors la religion qu'elle associait à la politique. Elle était en outre opposée à la Charte, qui garantissait la liberté des cultes et de conscience. En effet, qu'un juif, qu'un protestant, qu'un incrédule n'appartenant à aucune religion, vôlat les vases sacrès dans une église catholique ; au lieu de lui appliquer la peine due aux vols ordinaires, en lui faisant subir la peine édictée contre le sacrilége, c'était violenter sa liberté de conscience et sa liberté des cultes. Cette loi froissait en outre les catholiques modérés mais sincères, qui virent avec peine qu'un homme dût monter sur l'échafaud pour avoir outragé, dans un moment de délire et d'une passion aveugle, le Dieu qui pardonne toujours au repentir des plus grands coupables.

Vint ensuite la loi qui avait pour but le rétablissement du droit d'aînesse, dans toutes les familles payant au moins 300 francs d'impôt. Or, la révolution de 1789 avait été faite surtout pour abolir les priviléges. L'égalité civile était un droit désormais consacré par la loi française, qui en faisait l'application déja depuis un quart de siècle. Le nouveau projet de loi établissait donc évidemment un privilége et il avait tout le caractère d'une exception, puisqu'il ne s'appliquait pas aux familles dont les impòts fonciers n'atteignaient point le chiffre de 300 francs. Par conséquent il était tout à fait contraire à l'esprit de la France nouvelle. Aussi le soir du jour où le rejet de cette loi par la chambre des pairs, fut connu, des illuminations eurent lieu dans tous les quartiers commerçants de la capitale.

Sur ces entrefaits, la dénonciatron que fit M. de Montlosier de l'existence de la compagnie de Jésus, en France, en contravention des lois non rapportées de l'ancienne monarchie, la plainte qu'il déposa contre elle, devant la cour royale, la déclaration faite par celle-ci de son incompétence dans cette affaire, furent l'occasion d'une réaction, pour la presse libérale, contre le parti ultra-royaliste, auquel on savait que Charles X appartenait. A la demande de ce parti, le gouvernement prend des mesures d'une sévérité telle contre la presse, que les livres eux-mêmes sont frappés d'un droit de timbre et ne peuvent être publiés et vendus que cinq jours après le dépôt fait à la direction de la librairie, pour tout écrit de 20 feuilles et au-dessous, et dix jours après le même dépôt, pour les écrits au-dessus de 20 feuilles. Les lettres, l'imprimerie et les nombreuses industries s'y rattachant, étaient atteintes par cette loi aussi bien que la presse périodique. Rigoureuse et inefficace, suivant l'aveu même du président du conseil, elle ne faisait qu'empirer la situation critique du gouvernement, en déchaînant contre lui des intérêts froissés et puissants, bien décidés à faire cause commune avec l'opposition des partis politiques. A peine la discussion de cette loi est-elle commencée, que l'Académie française croit, aussi bien dans l'intérêt du roi que de la nation, devoir présenter une supplique respectueuse à Charles X, pour l'engager à en retirer le projet. Mais la députation de l'Académie chargée de présenter cette supplique, n'est pas même reçue en audience par le roi. A cet affront essuyé par le premier corps littéraire français, cénacle incorruptible des vieilles traditions du génie national dans l'art d'écrire, en succéda bientôt un autre. M. Villemain, maître des requêtes au conseil d'Etat, M. Lacretelle, censeur des œuvres dramatiques avant leur apparition sur la scène, et M. Michaud, lecteur du roi, tous trois rédacteurs de la supplique, sont destitués de ces fonctions. Mais la loi votée d'abord par la Chambre des députés, trouve une opposition telle à la Chambre des pairs, que le ministère est obligé d'en retirer le projet. La population parisienne célèbre, par des illuminations, cette défaite du gouvernement.

Une telle manifestation, jointe aux clameurs de la presse constitutionnelle, n'aurait-elle pas dû faire comprendre à Charles X que la réaction royaliste tendait à compromettre son gouvernement? Il n'en fut rien. Au lieu de tenter les moyens de conciliation, il répondit par des mesures de plus en plus sévères.

Cette fois, ce sera la garde nationale de Paris qui subira les rigueurs du roi, parce que, dans une revue, quelques cris peu nombreux de : vive la Charte ! vive la liberté de la presse ! se font entendre, au milieu de ceux de : vive le roi ! et que quelques voix parties des bataillons revenant du champ de manœuvre, font, en passant devant le ministère des finances dont M. de Villèle avait le portefeuille, retentir les mêmes cris, en y ajoutant ceux de : à bas les ministres, à bas Villèle ! Le lendemain de la revne, le roi licencie la garde nationale tout entiere, au lieu d'appliquer cette mesure seulement aux bataillons d'où s'étaient élevées ces voix injurieuses.

Une grande irritation s'en suit. Aux protestations de la garde nationale dissoute, aux manifestations de la presse, réclamant la mise en pratique franche et loyale des droits et des libertés garanties par la Charte, le roi répond par le rétablissement de la censure. Cependant, l'opposition grandit toujours à la Chambre; elle ne veut plus du ministère de Villèle. Que fera le roi? se décidera-t-il enfin à prendre les moyens de la conciliation? Non, certes; et pour prouver qu'il entend faire prévaloir, envers et contre tous, sa prérogative royale, il déclarera dissoute la Chambre des députés. En même temps, 76 pairs nouveaux seront créés à la fois pour paralyser l'opposition que le gouvernement trouve aussi dans cette Chambre. Le ministère de Villèle se berce, ainsi que le roi, de l'espoir que l'influence des 76 nouveaux pairs, pris dans la Chambre des députés, ou choisis dans les positions sociales les plus marquantes, rendra le gouvernement maître des prochaines élections. Mais, l'opposition royaliste s'unit cette fois à l'opposition libérale, et M. de Villèle, que Charles X persistait à maintenir au pouvoir, malgré qu'il n'eût l'appui ni des royalistes, ni des constitutionnels, fut enfin renversé.

Le roi fut enfin obligé, ne pouvant gouverner sans ministres, de faire l'essai d'une conciliation des doctrines libérales et des doctrines monarchiques.

M. de Martignac, après bien des démarches, parvint à composer ce ministère de transaction, qui, imposé plutôt que choisi par le roi, non-seulement n'eut jamais sa confiance, mais encore trouva des ennemis et des détracteurs à la cour, et même parmi ceux que Charles X admettait le plus volontiers dans ses audiences intimes. Le roi avait sans doute oublié que toute maison, ou, ce qui est la même chose, toute institution divisée contre elle-même ne peut rester longtemps debout.

Le ministère Martignac vint échouer, après dix-huit mois de lutte, devant deux projets de loi sur l'organisation communale et départementale, qui substituaient, jusqu'à une certaine mesure, trop libérale pour les ultra-royalistes et pas assez pour le parti constitutionnel, l'élection à l'action de l'autorité. Après une longue discussion, le ministère dut retirer ces projets de loi parce qu'il ne voulut point céder aux exigences des libéraux, dont le roi ne voulait pas entendre parler, malgré que l'adresse en réponse au discours du trône de la dernière session, eût qualifié de déplorable, le système politique du ministère de Villèle.

Quel parti prendra désormais Charles X? La chute du ministère de Villèle lui a surabondamment prouvé, il y a dix-huit mois à peine, qu'un ministère de droite n'est plus possible. D'autre part, l'échec de Martignac vient de l'avertir qu'il ne peut plus compter sur l'appui des deux centres. Se décidera-t-il enfin à être conséquent avec lui-même, à faire l'emploi, sans arrière-pensée, du gouvernement représentatif dont les bases sont établies par la Charte, qu'il a juré d'observer dans la cérémonie de son sacre? Bien résolu, cette fois, d'appuyer sa politique sur la masse de la nation et non sur l'aristocratie de la naissance ou de la fortune, où il n'a pu trouver un appui suffisant, élargira-t-il le suffrage électoral jusqu'à la limite du possible rationnel, en rendant éligibles ou électeurs tous ceux qui ont intérêt au maintien de l'ordre public, et qui, pour venir en aide au souverain et donner un appui constant à son gouvernement, lui enverront des députés qui correspondront à ses vues? Tel était le système de gouvernement qu'indiquaient les circonstances et qu'eût certainement adopté un prince moins aveuglé par les préjugés des prérogatives de la monarchie absolue. Charles X fait tout l'opposé. Il prend pour aide de son gouvernement, ces royalistes outrés et incorrigibles, que Louis XVIII n'a pas voulu admettre dans son conseil. Ce choix fut regardé par le parti constitutionnel comme une sorte de défi porté au plus grand nombre des citoyens d'une nation de 33 millions d'hommes. Il est accueilli par un cri immense d'opposition, parti des quatre points cardinaux de la France, tandis que les journaux ministériels chantent victoire, et vont jusqu'à dire : « Cette fois plus de concessions ! Le combat est rétabli entre la royauté et la révolution, et c'est la révolution qui sera vaincue. »

Le discours du trône, à l'ouverture de la session législative du 2 mars 1830, prouva que l'on ne s'était pas trompé sur les intentions hostiles du roi envers le parti constitutionnel. Après avoir demandé aux Chambres leur concours pour le bien qu'il voulait faire, il en vint à dire : « Si de coupables manœuvres suscitaient à mon gouvernement des obstacles que je ne veux pas prévoir, je trouverais la force de les surmonter, dans ma résolution de maintenir la paix publique. »

A cette menace de la royauté, la Chambre des députés répond par une adresse votée par 221 voix, où, entre autres-choses, il était dit au roi que : « l'intervention du pays dans la délibération des intérêts publics, consacrée comme un droit par la Charte, faisait du concours permanent des vues politiques du gouvernement avec les vœux de son peuple, la condition indispensable de la marche régulière des affaires publiques. Sire, — continuait l'adresse, — notre loyauté, notre dévouement nous condamnent à vous dire que ce concours n'existe pas. Une défiance injuste des sentiments et de la raison de la France, est aujourd'hui la pensée fondamentale de l'administration ; votre peuple s'en afflige, parce qu'elle est injurieuse pour lui ; il s'en inquiète, parce qu'elle est menaçante pour ses libertés. »

Le lendemain du jour où cette adresse fut présentée au roi, la Chambre était prorogée au 3 septembre, et le 16 mai, une autre ordonnance la déclarait dissoute. Or, n'était-il pas plus prudent, plus politique de recourir à une mesure de conciliation, de renvoyer un ministère qui n'avait pas la confiance de la majorité de l'assemblée des représentants de la nation? Car, en somme, puisque la Charte avait consacré comme un droit l'intervention du pays dans la délibération des affaires publiques, était-il naturel que le roi gardât, pour conseillers de la Couronne, et fît son bras droit de ceux dont les opinions gouvernementales n'étaient pas en conformité avec les idées et les aspirations de la majorité de la nation? Le simple bon sens ne veut-il pas que la première condition du choix des conseillers à qui l'on confie la direction des affaires publiques, c'est qu'ils inspirent de la confiance à ceux que ces affaires concernent? Or, ou bien le roi prenait au sérieux le droit d'intervention du pays, ou non. Si oui, Charles X, en dissolvant la Chambre, parce que le ministère Polignac n'y trouvait pas l'appui de la majorité, manquait aux principes les plus élémentaires de la logique, dans son gouvernement. Si non, il faisait fi de la promesse solennelle qu'il avait faite aux corps constitués de l'Etat, lors de son avénement au trône, de respecter et de faire respecter la Charte; il était parjure au serment d'obéissance et de respect à la Charte, renouvelé lors de son sacre.

Or, dites-moi, je vous prie, ce qu'une nation doit penser de son chef, de son roi, qui viole les promesses et le serment faits à sa constitution, au pacte fondamental de son existence sociale.

Les légitimistes du droit divin, ou, ce qui est la même chose, les ultra-royalistes, ont prétendu que les conseillers les plus intimes du roi étaient partagés sur la question de savoir quel était le meilleur parti à prendre, aussi bien dans l'intérêt de la couronne que dans celui du maintien de la paix publique. Raison de plus, il me semble, pour choisir le plus sage, celui de tourner la difficulté reconnue impossible à être abordée de front par tous ceux que n'aveuglait point trop l'absolutisme royal. Il était évident que le parti royaliste, divisé en deux camps opposés, ne pourrait soutenir d'une manière avantageuse à la prérogative royale, la lutte déjà ouverte pour les prochaines élections. Tous les signes politiques de ce temps concordaient pour le faire comprendre, tous : et les protestations de la presse, et les banquets donnés aux 221 députés de l'adresse, dans chaque circonscription électorale dont ils faisaient partie, et le redoublement de violence de la polémique des journaux constitutionnels, et enfin l'organisation des sociétés qui se formaient déjà publiquement pour le refus du paiement des impôts. Que fallait-il de plus que cette immense opposition se propageant partout, sous toutes les formes, pour faire comprendre au roi que les classes aisées étaient bien décidées à ne pas voir plus longtemps réduites à l'état de lettre-morte, les libertés publiques garanties par la Charte ?

Cependant le gouvernement, effrayé des premières nouvelles arrivant des départements sur les élections, songe enfin, mais trop tard, de les ajourner dans vingt d'entre eux, jusqu'à la réception officielle, prochainement attendue, de la prise d'Alger. Le 9 juillet, le canon des Invalides annonçait aux Parisiens et le *Moniteur* apprenait à la France cette glorieuse conquête. Le roi pensait que cette nouvelle, surexcitant l'enthousiasme populaire pour tout ce qui touche à la gloire de l'armée française, ferait faire, pour quelque temps, relâche à l'opposition. Espoir déçu. Le 19 juillet, le résultat général des élections apprit que les libéraux avaient réélu les 221 députés qui avaient voté la dernière adresse, et que la majorité opposante de la Chambre élective avait 270 représentants. La situation était donc plus que jamais critique pour le gouvernement. Le roi était réduit ou à changer de ministère et d'essayer d'attirer à lui les hommes sincèrement convaincus des principes constitutionnels, ou bien à se jeter, tête baissée, dans les hasards d'un coup d'Etat. Il crut que sa prérogative royale l'obligeait à prendre ce dernier parti, malgré l'avis d'un grand nombre de royalistes des plus ardents, au nombre desquels figurait M. de Lamennais qui, à la première nouvelle du projet d'un coup d'Etat médité par le gouvernement, écrivait, dans l'espoir d'en empêcher la réalisation, les lignes suivantes :

« Cela ne mènera qu'à la guerre civile, et l'on ne doit pas se faire illusion sur ses résultats. Le prestige de la royauté est complètement détruit ; elle ne pourrait compter dans cette lutte que sur la force, et quelle force a-t-elle ? Rien qu'un noyau, plus faible chaque jour, de vieux royalistes, dans la Vendée et dans la Bretagne. Je ne vois que l'armée, et qu'est-ce que l'armée contre une nation ? et croit-on qu'elle consente longtemps à faire le métier de bourreau ? Les opinions, qui sont partout, ne sont pas d'ailleurs arrêtées à la porte d'une caserne, elles fermentent sous le shacko du voltigeur comme sous la toque de l'avocat, et quand le signal sera donné, les baïonnettes seront libérales comme le scrutin et la tribune. »

Les événements ne tardèrent pas à justifier cette prévision.

Le *Moniteur* du 26 juillet publia quatre ordonnances royales.

La première suspendait la liberté de la presse, en décidant que nul écrit, au-dessous de 20 feuilles, ne paraîtrait qu'avec l'autorisation du ministre de l'intérieur à Paris, et des préfets dans les départements, et que tout journal ou écrit, même les mémoires savants ou littéraires, qui traitaient de matières politiques, devaient être soumis à l'autorisation préalable, sous peine d'être immédiatement saisis,

La seconde déclarait dissoute la Chambre nouvellement élue, avant même que celle-ci n'eût été convoquée et assemblée.

La troisième changeait le système électoral, de façon à mettre les élections sous l'influence la plus complète des préfets, influence à laquelle la loi de 1828 les avait soustraïtes.

La quatrième ordonnance replaçait au Conseil d'Etat plusieurs membres, qui en avaient été éloignés sous les deux derniers ministères.

L'article 14 de la Charte, en vertu duquel Charles X fit son coup d'Etat, était ainsi conçu : « Le roi est le chef suprême de l'Etat; il commande les forces de terre et de mer, déclare la guerre, fait les traités de paix, d'alliance et de commerce, nomme à tous les emplois de l'administration publique et fait les règlements nécessaires pour l'exécution des lois et la sûreté de l'Etat. »

M'appuyant sur d'autres principes que je développerai dans un instant, continuera le logicien, je laisse, à qui voudra, le soin de soutenir et de prouver qu'en publiant les ordonnances, le roi a violé l'esprit de plusieurs articles de la Charte, notamment des articles 8, 35, 50. En vertu de l'article 8, les Français avaient le droit de publier et de faire imprimer leurs opinions, en se conformant aux lois qui devaient réprimer les abus de cette liberté. Or, était-il naturel, dit-on, d'interpréter l'article 14 dans le sens que Charles X et ses ministres lui ont donné? Une pareille interprétation ne pouvait pas être admise, à moins de supposer que Louis XVIII, en octroyant la Charte et que Charles X, en faisant, lors de son sacre, la promesse solennelle, devant Dieu et les hommes, de la maintenir et de la faire respecter, s'était réservé, par l'artiele 14, le droit de retirer d'une main ce qu'il donnait de l'autre, contrairement à la maxime : Donner et retenir ne vaut.

Pour moi, je suis d'avis que Louis XVIII n'avait aucun pouvoir constituant, pour la raison que Hugues Capet, son premier aïeul, au lieu de donner à la France une constitution lorsqu'il fut élu roi, en trouva une toute faite, à laquelle il jura, lors de son sacre, fidélité et obéissance, tout en promettant de la faire observer. Par conséquent, il n'a pu transmettre à ses descendants, en même temps que le trône, par voie héréditaire, un pouvoir qu'il n'avait point reçu.

Pour trouver une autre preuve que la nation croyait bien avoir le droit de disposer de l'exercice de la souveraineté dans certains cas, vous n'avez qu'à vous reporter à l'article 2 du projet de constitution sénatoriale, rédigé après le départ de Napoléon Ier pour l'île d'Elbe. Vous y trouverez ceci : « Le peuple français appelle librement au trône Louis-Stanislas-Xavier de France. » De plus, dans le préambule de la déclaration signée à St-Ouen, par Louis XVIII, vous lirez : « Rappelé par notre peuple au trône de nos pères. » Donc à cette époque le roi et la nation entendaient bien que la constitution, qui allait être donnée à la France, serait un contrat librement consenti des deux parts.

Que si plus tard, lors de la publication de la Charte, le roi mit dans le préambule : « Rappelé par la divine Providence au trône de nos pères » au lieu de : « Rappelé par l'amour de notre peuple au trône de nos pères » ; et si enfin ce préambule fut terminé par ces mots : « A ces causes, nous avons volontairement et par le libre exercice de notre autorité royale, fait concession et octroi à nos sujets tant pour nous que pour nos successeurs, et *à toujours*, de la Charte constitutionnelle qui suit », il ne faut et on ne peut voir dans un changement pareil qu'une usurpation du pouvoir, qu'un retour à l'absolutisme du passé, par un roi qui avait accepté pour condition de sa royauté, le libre appel du peuple français.

Passons à l'article 35 de la Charte, ainsi conçu : « La Chambre des députés sera composée des députés élus par les colléges électoraux, dont l'organisation sera déterminée par des lois. » Ceux qui prétendent que Charles X a violé cet article par la troisième ordonnance, font ce raisonnement : Il appert de cet article que la Chambre des députés devait être composée des membres élus à cet effet par les colléges électoraux, organisés par des lois spéciales. Or, autre chose est une loi, librement débattue et librement votée par les représentants de la nation, autre chose est une ordonnance faite et signée seulement par le chef de l'Etat. Puis, n'est-il pas certain que dans les circonstances même les plus graves, avant 1830, où Louis XVIII et Charles X avaient jugé nécessaire de faire apporter des modifications à la loi électorale, ils avaient eu recours aux chambres et non aux ordonnances? Donc, le roi lui-même avait constamment reconnu, jusqu'au moment du coup d'Etat, la nécessité de porter devant les chambres l'examen et la discussion des modifications à faire à la loi électorale. Par conséquent, il viola l'art. 35, en modifiant, en mutilant cette loi par une simple ordonnance.

Les mêmes partisans de la souveraineté nationale, dont je ne fais ici que rappeler l'opinion, prétendent que par la deuxième ordonnance Charles X a violé l'article 50, ainsi conçu : « Le roi convoque, chaque année, les deux chambres, il les proroge et peut dissoudre celle des députés des départements ; mais dans ce cas il doit en convoquer une nouvelle, dans le délai de trois mois. » D'après ces politiques, la violation de l'article 50 ne peut être plus évidente, puisque le roi ne pouvait dissoudre la Chambre avant qu'elle n'eût été convoquée et réunie. On a beau s'ingénier, disent-ils, pour interpréter le sens de cet article, on ne pourra jamais faire comprendre à un homme de bon sens qu'on peut dire que les membres élus pour faire partie d'un corps délibérant, sont dissouts avant qu'ils n'aient été réunis sous la présidence d'un chef, dans un local officiellement destiné à cette réunion. Tant que ce corps ne s'est point constitué par la nomination de son chef et de ses assesseurs, il n'existe pas, ce n'est qu'un rassemblement d'hommes sans être unis entre eux par aucun lien hiérarchique, où il n'y a aucune direction, aucune discipline, et où manque le concours des éléments qui constituent sa vie. Après les élections, chaque député n'est encore qu'un appelé à faire partie du corps, une fois son élection validée. Mais comme la Charte ne donne au roi aucun droit de déclarer nulles les élections, il suit évidemment qu'en dissolvant la Chambre des députés, avant la convocation et la réunion de ses membres, la deuxième ordonnance a violé manifestement l'article 50.

Les objections qui précèdent, ajoutera le logicien, sont plus spécieuses que solides; car peu importe que le roi eut le droit d'octroyer la Charte. Elle n'en existait pas moins et l'on ne pouvait nier dans l'article 14, le recours à des mesures extra-légales, pour la sûreté de l'Etat. Toute la difficulté consiste donc dans l'inopportunité de l'emploi que le roi fit de ces mesures, toute la faute, dans l'insuffisance et même la négligence des moyens pour en assurer le succès. Je suis à cet égard d'accord avec des politiques très-profonds du parti royaliste, qui ont prétendu que le moment n'était pas encore venu de faire application de l'article 14. Le gouvernement avait dans le discours d'ouverture de la session de 1830, provoqué par une bravade, le parti constitutionnel et l'opposition royaliste à la fois; et d'après l'opinion de M. de Villèle lui-même, ce fut cette bravade qui provoqua et amena l'adresse du refus du concours. Car au fond, il n'y avait rien de compromis dans l'Etat, que l'autorité royale aspirant à l'absolutisme du passé, malgré que ses pouvoirs eussent été délimités dans la Charte, rien encore que les priviléges et les places des ultra-royalistes et des favoris du roi, qui occupaient les plus hauts emplois de l'administration.

N'était-il dès lors pas plus politique et plus rationnel tout ensemble de suivre l'avis d'un des membres du cabinet, de convoquer la nouvelle Chambre et de chercher d'en ramener le parti opposant par un projet de loi d'une utilité telle, pour toutes les classes de la société, que son rejet eût déconsidéré complètement la Chambre aux yeux des électeurs et justifié complétement sa dissolution. Les colléges électoraux ayant encore jugé à propos de confier aux 221 députés leur mandat politique, c'était porter un nouveau défi aux électeurs, les froisser profondément, de ne pas daigner convoquer leurs nouveaux élus. Puisque le gouvernement avait été le provocateur, il fallait qu'il s'exécutât de bonne grâce. En agissant ainsi, la prérogative royale mettait le bon droit de son côté, tandis que tout l'odieux d'une opposition systématique, si les 221 députés l'eussent encore embrassée, serait retombé sur eux, et aurait alors complétement justifié le recours à l'article 14, parce que tous les gens d'ordre auraient enfin compris que l'opposition était devenue déloyale à outrance, et que le gouvernement était impossible sans l'emploi des mesures extra-légales.

Mais abordons le récit succinct des faits qui suivirent les ordonnances. Elles furent signées dans la séance du conseil du 25 juillet. Avant de prendre congé des ministres, le roi leur dit : « Voilà de grandes mesures ! il faudra beaucoup de courage et de fermeté pour les faire réussir. Je compte sur vous, vous pouvez compter sur moi ; notre cause est commune; entre nous c'est à la vie et à la mort. » Il résulte de cette déclaration que Charles X comprenait parfaitement qu'il allait jouer une partie de laquelle pouvait dépendre sa couronne. Néanmoins, le 26, jour de la publication des ordonnances, le roi part avec le Dauphin, dès le matin, pour chasser dans la forêt de Rambouillet, sans s'inquiéter de l'effet que pourrait produire sur la population parisienne, la nouvelle officielle de ces mesures extra-légales; il ne rentre à Saint-Cloud qu'à l'heure du coucher.

Tel fut le commencement d'exécution que le roi crut devoir donner au plan qu'il avait tracé, la veille, à ses ministres. La presse n'avait pourtant pas laissé ignorer au gouvernement qu'elle s'attendait à un coup d'Etat et qu'elle était prête pour la lutte. En outre, 10,000 poignards avaient été découverts, depuis peu de jours, dans la même maison par la police, ainsi qu'une correspondance annonçant le prochain envoi de 10,000 autres. Il ne fallait donc pas une bien grande prévoyance pour comprendre qu'il était au moins prudent d'en imposer par la force, en faisant occuper les principaux quartiers de la capitale, par plusieurs corps d'armée des plus solides. Mais le plaisir de la chasse fit oublier les soucis et les devoirs du souverain ; et le soir du 26, des groupes purent crier dans les rues : à bas les ministres ! à bas les ordonnances ! sans que la police songeât même à les inquiéter. Ce ne fut que le 27, au matin, que le roi annonça au maréchal Marmont, sa nomination de gouverneur de la première division militaire, qui mettait Paris sous ses ordres. Mais au lieu de 18,000 hommes annoncés, dit-on, par le président du conseil, il s'en trouva à peine la moitié. Déjà des barricades s'élevaient nombreuses dans les quartiers les plus fréquentés de Paris, et Marmont n'avait encore pu prendre aucune disposition pour la répression, parce qu'il n'avait reçu son commandement que dans la matinée. Les insurgés se rendent maîtres de l'imprimerie royale, dans la soirée du 27, et à neuf heures ils mettent le feu aux barraques de bois servant de corps de garde sur la place de la Bourse. Plusieurs barrières sont également détruites par le feu. Mais pendant que l'insurrection veille et fait ses préparatifs pour se procurer des armes, l'autorité donne aux troupes l'ordre de rentrer dans les casernes, vers 11 heures du soir.

Le 28, à 5 heures du matin, le président du conseil vient à St-Cloud, faire signer à Charles X l'ordonnance qui mettait Paris en état de siége. Cette mesure était bien propre à lui faire comprendre que l'insurrection devenait dangereuse, et que ce n'était plus une émeute vulgaire d'étudiants tapageurs, ainsi que quelques courtisans avaient peut-être voulu le persuader au roi, la veille. Malgré un renfort de 3,000 hommes d'infanterie et de 600 hommes de cavalerie, accourus de Versailles et de Saint-Denis, l'insurrection se propageait partout, dans les quartiers les plus fréquentés de la capitale. Les barricades aussitôt relevées que prises, après le passage des troupes, coupaient déjà les communications de celles-ci sur plusieurs points. Déjà plusieurs bataillons de la ligne avaient fraternisé avec le peuple, tandis que d'autres n'opposaient qu'une faible résistance aux insurgés. Le maréchal Marmont voyant ses forces débordées, crut devoir envoyer au roi, dans l'après-midi, une dépêche annonçant que la situation devenait de plus en plus grave, malgré qu'il pensât que les troupes ne pussent être forcées dans leurs positions. Il ajoutait qu'au moment où il allait fermer sa lettre, MM. Laffite et Casimir Périer étaient venus lui dire qu'ils se chargeaient de faire cesser le feu à l'insurrection, si on leur promettait le rapport des ordonnances. Je pense, disait Marmont, en terminant sa dépêche, qu'il est urgent que Votre Majesté profite, sans retard, des ouvertures qui lui sont faites.

Charles X envoie, pour toute réponse à son lieutenant, l'ordre de tenir ferme, de réunir ses forces sur le Carrousel et sur la place Louis XV et d'agir avec des masses.

Cependant, le roi se décida, dans la soirée du 28, à faire donner ordre aux gardes du corps de se tenir prêts à monter à cheval, et les régiments de la garde, en garnison à Beauvais, à Orléans et à Caen furent appelés à Paris, en même temps que les troupes qui campaient à Saint-Omer et à Lunéville. Les pertes de l'armée avaient été, ce jour-là, de 2,500 hommes tués, blesses ou disparus. Malgré les dangers de la Couronne, le roi fit tranquillement sa partie de whist, comme à l'ordinaire, dans la soirée du 28.

Le 29 juillet, dès cinq heures du matin, les insurgés étaient sous les armes, et à sept heures ils attaquaient le Louvre. Les progrès de l'insurrection se propageaient avec une rapidité effrayante. Les ministres, émus enfin par les terribles conséquences de la publication des ordonnances, partent pour Saint-Cloud afin d'en conseiller le retrait au roi. Mais avant leur départ, ils s'étaient enquis auprès du commandant de Paris jusqu'à quel point on pouvait compter sur la résistance efficace des troupes. Celui-ci avait répondu que la position de ses forces était inexpugnable, et qu'il pouvait tenir pendant trois semaines, sans nouveau renfort, contre la population de Paris, fût-elle armée tout entière. En même temps, il remit aux ministres un message pour le roi, conçu dans le même sens. MM. de Sémonville et d'Argout, négociateurs du parti insurrectionnel, étaient accourus de leur côté à Saint-Cloud, pour obtenir du roi le rapport des ordonnances et le changement des ministres, promettant à cette condition, la cessation de l'insurrection. Mais ce fut en vain qu'ils joignirent leurs instances, leurs prières, leurs supplications à celles des ministres ; le roi demeura d'abord inflexible. Pouvait-il croire, après le message de Marmont, pouvait-il croire que la situation fût aussi critique et périlleuse pour la suprématie royale ? Cependant, à force d'obsessions respectueuses, je dirais presque importunes, auxquelles vinrent se mêler même des larmes, le roi finit par répondre qu'il en parlerait à son conseil et que l'on verrait. Peu d'instants après avoir congédié les négociateurs, le conseil était en effet rassemblé, et le roi lui exposait l'état de la situation d'après les renseignements fournis par MM. de Sémonville, d'Argout, le ministre de la marine et le maréchal Marmont. Pendait qu'il délibérait, une estafette envoyée par le maréchal Marmont demanda à être introduite auprès du roi. Elle venait annoncer que tout se perdait à Paris, que le Louvre et les Tuileries étaient envahis par le peuple, que les troupes avaient fui en déroute, et que le maréchal n'avait pu les railler qu'à la barrière de l'Etoile.

Après que le général porteur de ce triste message eut parlé, Charles X demanda s'il croyait tout perdu. Celui-ci lui répondit : « Tout, non, sire, mais bien

Paris ; la manière dont les troupes en sont sorties ne permet pas d'espérer que l'on puisse tenter de les y faire rentrer. » Il fallait cette nouvelle pour vaincre la résistance du roi. Inébranlable, inflexible, tant qu'il pensa être maître de la position, il aurait cru porter atteinte à sa suprématie royale, en faisant la concession du retrait des ordonnances et du renvoi des ministres qu'il s'était choisis. Mais l'imminence du danger où l'évacuation de Paris par les troupes venait de mettre sa Couronne, lui fit changer tout à coup ses combinaisons. A cette nouvelle terrifiante, la panique s'était emparée du roi. « Me voilà, dit-il à ses ministres, dans la position où était mon malheureux frère, en 1792 ; j'aurai seulement sur lui l'avantage d'avoir moins longtemps souffert : en trois jours, tout aura été terminé avec la monarchie ; quant au monarque, sa fin sera la même. » Puis il signa le renvoi du ministère de Polignac, ainsi que le rapport des ordonnances. Le ministère des affaires étrangères fut confié au duc de Mortemart, chargé de présider le nouveau cabinet, ainsi que les négociateurs du parti insurrectionnel l'avaient demandé. Concession trop longtemps attendue et trop tardive, arrachée plutôt par la force des choses qu'octroyée bénévolement. Quand les négociateurs de l'armistice revinrent de Saint-Cloud à Paris, un gouvernement provisoire siégeait déjà à l'Hôtel-de-Ville. A la communication de la nomination d'un nouveau ministère présidé par le duc de Mortemart, il fut répondu que l'on n'avait pas une autorité suffisante pour la faire accepter, et M. de Sémonville fut renvoyé à la réunion des députés siégeant chez M. Laffite, où la même réponse lui fut faite.

Lorsque dans la journée du 30, le duc de Mortemart se présenta à l'Hôtel-de-Ville pour exhiber les pouvoirs qu'ils tenaient du roi, M. de Lafayette lui répondit : « Hier, il eût été temps, aujourd'hui il est trop tard. » Le 30 juillet la révolution était donc faite.

Sur les conseils du maréchal Marmont, Charles X, dont la personne aurait pu être en danger à Saint-Cloud, part pour Trianon dans la nuit du 31, laissant à Saint-Cloud le duc d'Angoulême à la tête de l'armée restée fidèle, et qui vint rejoindre le lendemain la famille royale. Quelques instants après son arrivée à Trianon, le dauphin raconta au roi qu'un bataillon tout entier avait refusé d'obéir en sa présence, et même qu'il avait passé à l'ennemi. Cet événement impressionna vivement Charles X. Il était absorbé par cette pensée, lorsqu'on vint lui annoncer que les insurgés marchaient sur Veersailles. Il prend alors le parti de se retirer sur Rambouillet, malgré les mesures énergiques projetées par ses conseillers les plus intimes et ses ministres, qui, au moment où ils apprirent la nouvelle décision de Charles X, rédigeaient une proclamation annonçant à la France que le roi était résolu de combattre la révolution par tous les moyens dont il pouvait disposer. Il avait autour de lui 12,000 hommes d'excellentes troupes, appuyés par 42 pièces d'artillerie. De l'avis même des hommes les plus compétents, Charles X pouvait, avec de pareilles forces, défier l'insurrection en rase campagne. Du reste, ne devait-il pas à l'autorité suprême dont il était revêtu, de prendre une revanche éclatante de la défaite qu'il venait de subir, pendant trois jours consécutifs, dans les rues de sa capitale? Mais, au lieu de suivre ces conseils, il nomme le lendemain, 1er août, le duc d'Orléans lieutenant-général du royaume, et, le 2, il abdique avec le dauphin en faveur du duc de Bordeaux, qu'il place sous la régence du duc d'Orléans. Le 3, l'insurruction se porte en masse sur Rambouillet, pour intimider le roi et obtenir son éloignement. C'était un attroupement d'hommes sans discipline et la plupart sans armes. Mais leur nombre, que l'on affirma au roi s'élever à 80,000, effraya Charles X, quoiqu'ils fussent incapables de tenir devant l'armée qui l'entourait. Un seul régiment et quelques pièces d'artillerie auraient suffi pour les mettre en déroute, au dire même du général Vincent, qui demanda au roi, mais en vain, la permission de charger les insurgés. Pourtant Charles X avait, deux jours avant seulement, clos l'acte de nomination du duc d'Orléans à la lieutenance du royaume, en disant : « Si l'on cherchait à attenter à la vie du roi et de sa famille, il se défendrait jusqu'à la mort, » et moins d'une heure avant son entrevue avec le maréchal Maison, qu'il avait interrogé sur le nombre approximatif des insurgés arrivant sur Rambouillet, il songeait encore à tirer l'épée, à faire respecter son autorité suprême. Mais voilà que se croyant débordé par le nombre, il prend la fuite devant l'ennemi le plus implacable de cette prérogative royale, dont il s'était montré si jaloux et qui avait fait commettre tant de fautes à son gouvernement. Le lendemain, 4 août, Charles X se séparait des vieux soldats de sa garde, à Maintenon, d'où il prit le chemin qui devait le conduire à l'exil.

Cela exposé, vous dira le logicien, revenons à votre majeure, ou en d'autres termes, au principe sur lequel repose toute votre argumentation, relativement à la succession du trône de France, que vous prétendez appartenir exclusivement au comte de Chambord, malgré la déchéance de la branche aînée de la Maison de Bourbon, prononcée par les mandataires de la nation, dans un cas de nécessité politique.

Soutiendrez-vous encore que Charles X, dans son gouvernement, n'a jamais rien fait qui pût le rendre odieux à la majorité de cette partie de la nation qui s'intéressait à la direction des affaires de l'Etat? Ne résulte-t-il pas au contraire de la politique de son règne, que ce prince, jaloux outre mesure de la prérogative royale, a constamment cherché à faire une lettre-morte des principaux droits publics consacrés par la Charte, et à faire revivre les idées, les traditions de plusieurs priviléges de la vieille monarchie, par bon nombre d'ordonnances, de projets de lois opposées aux mœurs, aux usages, aux idées de la majorité des Français, et à la législation en vigueur depuis plus d'un quart de siècle? Et puis enfin quelle faute plus lourde, pour un roi, que celle de laisser dans un coup d'Etat fait pour relever le prestige de l'autorité souveraine, de laisser vaincre précisément cette autorité par ceux-là mêmes qui l'avaient si souvent vaincue par la parole dans la tribune, et par la plume dans la presse, et qui pour l'écraser par les armes dans le dernier combat qu'ils eurent à lui livrer, lui infligèrent le déshonneur d'être vaincue encore dans une émeute de la rue, et d'abdiquer la couronne en fuyant? Changez les rôles, à la place de Charles X, mettez Charles duc de Lorraine, ou quelqu'un des derniers descendants des rois Mérovingiens, et prononcez, partisan du droit divin, prononcez si un nouveau pape *Zacharie* n'aurait point pu faire aux libéraux de 1830, la réponse qui fut donnée au maire du Palais, Pépin, à savoir : que celui-là pouvait légitimement exercer le pouvoir suprême, qui avait la force de le faire respecter.

Venons maintenant, continuera le logicien, au cas d'incompétence dans l'application de la pénalité. Vous prétendez à cet égard, que les 219 députés qui ont déclaré le trône de France vacant de fait et de droit, après le départ de Charles X pour Cherbourg, et proclamé Louis-Philippe roi des Français, n'étaient point compétents pour délibérer et voter une loi pareille, non plus que les 89 pairs de France qui l'ont approuvée. A l'appui de votre assertion, vous dites que ces 219 députés n'avaient reçu qu'un mandat spécial pour le vote des impôts, le contrôle de l'emploi des fonds du budget, la délibération, la discussion et le vote des lois, et qu'enfin ils ont violé leur mandat, dont ils ont changé la nature, en en faisant un mandat constitutif, de représentatif qu'il était.

Je nie la justesse de votre proposition, vous répondra le philosophe. La raison en est bien simple, et la voici : Dans la lettre par laquelle Charles X annonçait au duc d'Orléans qu'il le nommait lieutenant-général du royaume, il ajoutait qu'ayant jugé convenable de retirer les ordonnances du 25 juillet, il approuvait que les chambres se réunissent le 3 août, et qu'il espérait qu'elles rétabliraient la tranquillité en France.

Les chambres avaient donc été légalement convoquées, puisque c'était par ordre du roi, et avant qu'il eût abdiqué. En second lieu, cette convocation avait été faite d'après la lettre précitée de Charles X, afin que les chambres délibérassent sur les moyens à prendre pour le rétablissement de la tranquillité en France. Que si ces deux éléments, convocation faite conformément à la loi, et indication du but de cette convocation, ne constituent pas pour vous une compétence suffisante à un corps délibérant, veuillez me dire ce qu'il faut encore.

En ce qui touche la distinction que vous faites entre le mandat représentatif et le mandat constitutif, permettez-moi de vous dire que la place m'est heuheuse à vous rencontrer ici en flagrant délit de contradiction avec vous-même. En effet, je sais que vous êtes fortement opposé au mandat impératif. Donc, vous devez admettre que lorsque des électeurs confient à un mandataire, la gestion de leurs intérêts politiques dans l'État, ils lui donnent des pouvoirs illimités pour tout ce qu'il sera nécessaire de faire dans l'intérêt de l'ordre public, sans lequel leurs intérêts, même privés, pourraient être gravement compromis. D'où j'ai le droit de conclure que votre distinction n'est pas admissible.

Or, posé la compétence des chambres, et le mandat des députés étant reconnu suffisant pour traiter toutes les questions politiques concernant les intérêts publics, les chambres avaient donc tous les pouvoirs nécessaires afin de prendre les mesures qui leur paraîtraient devoir assurer la tranquillité et le maintien de l'ordre en France. Pour atteindre ce but, il n'y avait pas d'autre moyen que d'installer un gouvernement définitif, qui pût à la fois calmer la révolution et inspirer assez de confiance aux partisans modérés et sincères d'une politique libérale : c'était une monarchie vraiment constitutionnelle, c'est-à-dire dont le roi au lieu d'octroyer une Charte, recevrait celle qui lui serait imposée par les mandataires de la nation. Comme la révolution venait d'être faite contre la Charte octroyée et les menaces d'un retour vers l'absolutisme et les institutions de l'ancienne monarchie, un simple changement de règne, c'est-à-dire la royauté d'Henri V, mineur, eût-elle été placée sous la tutelle du prince le plus libéral, n'aurait point suffi pour apaiser les passions révolutionnaires. En effet, puisque la nation ne voulait plus d'une Charte octroyée et qu'elle entendait poser elle-même les conditions d'un nouveau gouvernement dans une Charte nouvelle, un roi mineur était impossible, parce qu'il ne pouvait ni faire, ni signer à cause de sa minorité, le serment d'observer et de faire observer fidèlement le nouveau pacte fondamental.

A cette difficulté invincible, joignez encore l'urgence d'une décison réclamée par l'impatience des partisans de la démocratie. Le lendemain de l'ouverture de la session législative par le duc d'Orléans, plusieurs groupes d'insurgés s'étaient portés aux abords de la Chambre des députés, et protestant déjà contre les délibérations d'une assemblée des députés élus sous une royauté renversée, ils songeaient à faire proclamer la république. Pour apaiser leurs mécontentements, il fallut l'intervention des députés de l'extrême gauche, qui purent enfin leur faire comprendre que la modération dans la victoire était le signe de la grandeur. Le peuple parisien, ordinairement si facile à conduire quand on fait appel aux sentiments de la générosité du cœur, se contenta donc de célébrer les premiers jours de son triomphe par le chant patriotique de la *Parisienne.* Le souvenir des excès de 1793 s'offrait à l'esprit des gens modérés sous des images trop sinistres, pour qu'une république pût leur donner des garanties suffisantes de paix et d'ordre. Dans cette séance du 4 août, un député demanda : « que la déchéance de la branche aînée de la maison de Bourbon fût proclamée. » La proposition ayant été rejetée, l'irritation des groupes formés devant la Chambre était encore devenue plus grande dans la journée du 5. De temps en temps MM. de Lafayette et Benjamin Constant venaient haranguer l'émeute, quand ses vociférations couvraient la voix des orateurs de la tribune. Il fallait donc proclamer un gouvernement définitif, ou bien se voir dominer, entraîner par le flot révolutionnaire. C'est pourquoi M. Bérard prit, dans la séance du 6 août, l'initiative d'une proposition, où après avoir expliqué que, vu la situation grave et pressante où se trouvait le pays, l'indispensable besoin qu'il y avait de sortir d'une position précaire, il proposait à la Chambre les résolutions suivantes : « La Chambre des députés, prenant en considération, dans l'intérêt public, l'impérieuse nécessité qui résulte des événements des 26, 27, 28 et 29 juillet dernier et jours suivants, et de la situation générale de la France, déclare : 1° que le trône est vacant et qu'il est indispensable d'y pourvoir. La Chambre des députés déclare : 2° que, selon le vœu et dans l'intérêt du peuple français, le préambule et les articles suivants de la Charte constitutionnelle doivent être supprimés ou modifiés de la manière qui va être indiquée, etc. »

Une commission fut nommée immédiatement, pour examiner cette proposition, séance tenante, vu l'urgence. A huit heures du soir, le rapporteur exposa à la Chambre les conclusions de la commission qui adoptait la proposition Bérard, ainsi que les modifications qu'elle avait proposé de faire subir à la Charte. Aussitôt après la lecture du rapport, la discussion commença. Le débat fut très-animé. Plusieurs légitimistes prirent la parole en faveur du droit divin. Mais la Chambre passa outre, déclarant le trône vacant en fait et en droit. Elle modifia la Charte dans le sens indiqué par les conclusions de la Commission, et le duc d'Orléans fut élu roi par 219 voix sur 252 votants. Cette fois la loi constitutionnelle (je cite les expressions de M. Dupin, rapporteur) la loi constitutionnelle ne fut pas un octroi du pouvoir qui croyait se dessaisir, ce fut au contraire une nation en pleine possession de ses droits, qui dit avec autant de dignité que d'indépendance au noble prince auquel il s'agissait de déférer la couronne : « A ces conditions écrites dans la loi, voulez-vous régner sur nous ? »

Immédiatement après le dépouillement du scrutin, les députés allèrent au Palais-Royal, communiquer le texte de la déclaration de la Chambre au duc d'Orléans qui, après en avoir entendu lecture, répondit : « Je regarde la déclaration qui m'est présentée, comme l'expression de la souveraineté nationale et elle me paraît conforme aux principes de toute ma vie. » Puis il ajouta d'une voie émue : « Rempli de souvenirs qui m'avaient toujours fait désirer de n'être jamais appelé à monter sur le trône, exempt d'ambitions et habitué à la vie paisible que je menais dans ma famille, je ne puis vous cacher tous les sentiments qui agitent mon cœur, mais il en est un qui les domine tous : c'est l'amour de mon pays, je sens ce qu'il me prescrit, je le ferai. »

A la nouvelle de la promotion du duc d'Orléans, l'émeute satisfaite de la solution que les députés venaient enfin de donner au coup d'Etat, l'émeute, de menaçante qu'elle était, passa tout à coup à des démonstrations d'une joie enthousiaste, et le peuple accourut au Palais-Royal pour proclamer, par ses ovations, le nouveau roi. Le duc d'Orléans, accompagné de M. de Lafayette, se montra alors au balcon pour saluer la foule, et il serra dans ses bras le chef de la démocratie française. Le nombre, la force et le droit, qui font la paix, venaient de s'embrasser.

Aussitôt des vivats, mille et mille fois répétés et des cris immenses d'allégresse, retentirent jusqu'aux nues, pour célébrer cette union.

Or sus, monsieur, que vous semble-t-il maintenant des longues, mais nécessaires explications contenues dans ma réponse, pour la solution des difficultés que vous m'aviez posées dans votre dernière lettre? J'espère que vous voudrez bien conclure que ma conviction politique est plus rationnelle que vous ne l'aviez cru tout d'abord. Par conséquent, je pourrai donc sans aucun remords de conscience, voter et faire voter pour les candidats dont les idées politiques seront le plus conformes aux aspirations de la France redevenue maîtresse de son droit national.

Veuillez agréer, etc.

Huitième lettre du légitimiste.

MONSIEUR,

Il était inutile de prendre la peine de compulser minutieusement l'histoire du règne de Charles X, pour traiter la question de savoir s'il a mérité, ou non, la déchéance, en ayant recours à un coup d'État. Vous n'aviez qu'à ouvrir la Charte de 1814 et à vous rapporter purement et simplement au titre concernant le gouvernement du roi. Vous auriez trouvé dans l'article 14, la réponse se résumant dans cette simple maxime, admise par tout le monde : qui veut la fin veut les moyens.

Il fallait que la Charte, après avoir stipulé toutes les garanties nécessaires à la nation, pour que le roi ne fît point abus du pouvoir souverain, prévît également les moyens dont l'emploi pourrait être nécessité par l'abus que les mandataires de la nation viendraient à faire de leur intervention dans la délibération des intérêts publics. Les excès de pouvoir de la convention nationale étaient encore trop récents pour qu'ils ne servissent point de leçons. Or, pour en empêcher le retour, il n'y avait pas d'autres moyens que d'insérer dans la Charte l'article 14, qui permettait au roi le recours aux mesures extra-légales, pour le salut et la sûreté de l'Etat.

Vous me dites que vous laissez à d'autres le droit de prétendre et le soin de prouver que malgré les dispositions de l'art. 14, Charles X a violé au moins les articles 8, 35 et 50 de la Charte. Vous avez ici cent fois raison, puisque sous le règne de Louis-Philippe, les ennemis les plus acharnés du gouver nement de Charles X ont avoué que ce roi n'avait point violé la Charte. Je me contenterai du seul témoignage de M. de Lafayette, qui d'après le journal la *Tribune*, disait en 1833 « que l'article 14 réservait formellement la souveraineté au roi, toutes les fois qu'il s'agissait de la sûreté de l'Etat, et que le roi seul était juge des circonstances dans lesquelles il devait revendiquer le pouvoir souverain. » Pour vous, il n'y a pas eu d'autres fautes commises, en cette circonstance, par le gouvernement, si ce n'est d'avoir eu recours au coup d'Etat, dans un moment tout à fait inopportun, et enfin de n'avoir pas pris les moyens nécessaires pour en assurer le succès. Fautes lourdes d'après vous, et que rien ne pouvait faire expier, excepté la déchéance du trône.

Vous citez à l'appui de votre opinion, en ce qui touche l'inopportunité, celle des royalistes modérés et même celle d'un des membres du cabinet de Charles X, qui ont prétendu que, dans son discours d'ouverture de la session de 1830, le gouvernement avait provoqué, par une bravade, le parti constitutionnel et l'opposition royaliste, et que les électeurs ayant répondu à ce défi royal par la réélection des 221 députés de l'adresse du refus du concours, il ne fallait point achever de porter à son comble l'irritation électorale, en déclarant dissoute la chambre avant même qu'elle ne fût réunie; qu'agir ainsi, c'était porter un nouveau défi aux électeurs et à leurs députés; qu'il fallait au contraire convoquer la nouvelle chambre et juger à leurs œuvres, les nouveaux députés, sur lesquels serait retombé tout l'odieux d'une opposition systématique, s'ils avaient encore pris ce parti. Une dissolution de la chambre faite dans ces conditions et une proclamation d'appel à la France de la part du roi, auraient mis le bon droit de son côté, et les partisans de l'opposition à outrance auraient infailliblement échoué, s'ils étaient descendus, quand même, dans la rue, pour y faire l'insurrection, parce que au lieu d'être l'expression du plus grand nombre, l'émeute n'eût été que celle d'une petite coterie d'hommes qui en veulent à tous les gouvernements.

Mettons, si vous voulez, que le roi ait commis une faute, en dissolvant la chambre avant qu'elle n'eût été réunie. Mais était-elle de nature à entraîner non-seulement sa déchéance personnelle du trône, mais encore l'exclusion de ses héritiers? Quel homme sensé oserait entreprendre le fardeau du pouvoir et monter sur un trône, sachant qu'une faute de sa part, due à la difficulté des circonstances, motivera suffisamment sa déchéance? En abdiquant la couronne, de son propre mouvement, et en obtenant l'abdication du duc d'Angoulême au profit du duc de Bordeaux, dont il confia la minorité au duc d'Orléans, bien connu du parti constitutionnel pour ses opinions libérales, n'était-ce pas reconnaître les fautes de son gouvernement et s'en punir ainsi lui-même, en se dépouillant du souverain pouvoir?

Assez sur ce chef d'accusation. Passons maintenant à celui tiré du défaut des moyens pour la réussite du coup d'Etat. Vous prétendez que les réflexions faites par le roi à ses ministres, avant de lever la séance de la réunion du conseil où les ordonnances venaient d'être signées, font sa propre condamnation. De grandes mesures exigeaient évidemment de grands moyens. Néanmoins, au lieu d'en imposer par la manifestation extérieure de ces grands moyens, dites-vous, et de se tenir au centre de l'action, pour ne laisser échapper aucune circonstance, aucun détail favorable au succès, être prêt à tout événement, le roi reste à Saint-Cloud, chasse toute la journée, le jour de la publication des ordonnances, sans s'occuper de leur effet, et ne songe que le 27, dans la matinee, à confier au maréchal Marmont le soin de défendre la prérogative royale menacée, ainsi que la sûreté de l'Etat. Il permet que, pendant un jour et demi, des cris séditieux et insurrectionnels soient proférés par des groupes d'émeutiers, et que des barricades s'élèvent dans les rues, le tout sans aucune répression.

Ici, je vous répondrai que vous paraissez ignorer que le président du conseil avait affirmé, en présence du roi et de ses ministres, que toutes les mesures étaient prises pour le succès du coup d'Etat. Par conséquent, le roi était dans la situation du commandant en chef d'une armée d'expédition, lequel, entouré de son état-major et sachant que l'exécution de son plan a été confiée à des hommes dignes de confiance, attend, impassible, les résultats de la bataille, et se garde bien de se porter de sa personne au milieu de la lutte, où un accident éprouvé par lui compromettrait le succès et pourrait entraîner la perte de l'armée tout entière.

Quant au manque de fermeté que vous reprochez à Charles X, il en eut jusqu'à la mesure du possible, dans ces circonstances difficiles. Il tint ferme et recommanda à son lieutenant de tenir ferme jusqu'au moment où il apprit que son armée avait évacué Paris. Comprenant alors, mais trop tard, que la suprématie royale, que l'inviolabilité de sa personne, n'étaient rien sans l'appui de la force matérielle, il préféra s'abaisser des hauteurs du pouvoir souverain, en acceptant, pour mettre fin à l'effusion du sang de ses sujets, les conditions qu'on lui imposait par le retrait des ordonnances et le renvoi des ministres. Que si, après son abdication, il crut ne pas devoir accepter la lutte que l'insurrection pensait engager à Rambouillet, ce fut, cette fois, pour éviter une effusion de sang désormais inutile, puisqu'il s'était dépouillé volontairement de l'autorité suprême, et que, par conséquent, il n'avait à la faire respecter en lui qu'à titre de souvenir. C'est pourquoi il préféra prendre la route de l'exil.

Je laisse ces appréciations à vos méditations profondes, et je persiste à croire, Monsieur, qu'en renversant Charles X et sa dynastie, les libéraux de 1830 ont fait la plus injuste application qui se puisse voir de la sanction pénale relative à la possession du trône de France.

Sur ce, Monsieur, je ne saurais mieux terminer ma lettre qu'en vous disant : Le roi est mort, vive le roi !!

Réponse à la huitième Lettre.

Monsieur,

Il me semble que, pour porter un jugement sérieux autant qu'impartial sur un homme, qui a joué un grand rôle dans l'Etat, il ne suffit pas d'examiner, d'étudier quelques actes isolés d'une période, mais bien tous ceux se rattachant à sa vie publique, pour les analyser d'abord séparément, les rapprocher ensuite les uns des autres et enfin les coordonner de façon à pouvoir en faire une étude, un jugement d'ensemble. Voilà ce qui m'a déterminé à vous présenter le récit rapide de tout le règne de Charles X.

En ce qui concerne l'article 14 de la Charte, personne ne met en doute l'intention qu'avait le roi Louis XVIII de fermer la porte à toutes les révolutions politiques en France, en insérant cet article dans la Constitution. Mais il s'agit de savoir si, pour atteindre ce but, les bons moyens ont été pris. Or, il suffit de lire attentivement et sans préjugés l'histoire de Charles X, pour acquérir la certitude du contraire. Je sais que l'on est excusable quand on se trompe, croyant bien faire, parce que l'on est alors dans la bonne foi. Mais ceci n'est point applicable à Charles X, qui s'imaginait que les fautes de son gouvernement étaient couvertes, effacées par son droit. L'entêtement trop ombrageux et égoïste qu'il eut de sa prérogative royale, l'empêcha d'admettre dans ses conseils les partisans sincères et modérés du régime constitutionnel, de l'appui desquels il aurait eu besoin, dès le début de son règne, ainsi que l'indiquait l'opposition faite par ce parti, sous le règne précédent. Malgré les garanties consignées dans la Charte, malgré les réclamations de la presse et du bon sens, il ne voulut point croire que de l'autre côté de la barrière de son droit, derrière laquelle il se croyait inexpugnable, se trouvait un devoir aussi fort que son droit.

Mais si le pouvoir avait été l'agresseur, ce qui est hors de doute, il était seul responsable de la situation si critique où il se trouvait lors de la publication des ordonnances. Vous semblez traiter de peccadille insignifiante le grand tort qu'eut Charles X de dissoudre la Chambre avant même qu'elle n'eût été convoquée et réunie. Ce fut pourtant ce qui porta le comble à l'irritation des libéraux modérés et les fit descendre dans la rue, aux journées de juillet. Une goutte d'eau n'est pas grand'chose; versez-la dans un vase trop plein, vous le faites déborder. C'est ce que fit, sur l'esprit des honnêtes gens constitutionnels, la dissolution de la Chambre.

Quant au plan relatif à l'exécution du coup d'Etat, vous me dites que le roi fit, dans cette occasion, comme un général d'armée qui, après avoir donné ses ordres aux principaux chefs, se contente d'en surveiller, à distance, les opérations, précaution recommandée non-seulement par la prudence mais encore par le devoir. J'accepte votre comparaison, et j'y ajoute : Si tous les peuples ont toujours puni des plus grandes peines, les chefs d'armée qui, après avoir attaqué imprudemment un ennemi formidable, ont, par leurs fautes, perdu des batailles d'où sont résultés de très-grands maux pour la patrie, de quelle peine, autre que la déchéance du trône, une nation pourrait-elle punir un roi qui, après avoir provoqué l'opinion publique par une série d'ordonnances et de projets de lois tout à fait opposés au pacte national, se sera mis dans la nécessité d'avoir recours à des mesures extra-légales, sous prétexte de la sûreté de l'Etat, mais au fond pour le maintien d'un gouvernement en désaccord avec la majorité de l'opinion publique, et qui se sera laissé vaincre dans un défi pareil? Est-ce qu'un tel gouvernement pourra, après avoir subi la honte de cette défaite, inspirer à un grand peuple cette crainte qui, à défaut de l'amour des sujets, condition indispensable de la stabilité du pouvoir, le fait au moins respecter? Transportons-nous par la pensée aux premiers jours du règne de Louis-Philippe, et nous verrons tous les partis politiques accuser tour-à-tour Charles X, à commencer par les partisans du droit divin.

En effet, le bon sens et la raison ne font-ils pas supposer que, si les ultra-royalistes avaient osé proclamer tout haut ce qu'ils pensaient de la conduite du roi dans le coup d'Etat, on les aurait entendu lui dire : Votre droit et votre devoir tout ensemble étaient de faire prévaloir sur la prérogative parlementaire, la suprématie royale, l'autorité souveraine dont vous étiez revêtu. Mais votre devoir exigeait surtout que vous prissiez tous les moyens mis à votre disposition par la force légale, pour atteindre ce but. Vous ne l'avez point fait; vous êtes coupable. Quand les médecins de Louis XVIII eurent déclaré à ses ministres que la vie du roi ne se prolongerait pas au-delà de huit jours, le gouvernement, pour assurer la transmission du trône à l'héritier présomptif, fit donner ordre à de nombreux corps d'armée de s'approcher de la capitale, afin qu'ils fussent prêts à tous événements. Il ne s'agissait pourtant que d'un changement de règne devant s'opérer dans les formes prévues par la Charte, tandis que votre coup d'Etat était une mesure extra-légale, au sujet de laquelle la presse vous avait dit que le parti libéral était prêt pour la résistance. De plus, votre gouvernement n'ignorait pas que dans l'armée il y avait un bon nombre d'officiers et de soldats auquel votre politique n'était point sympathique. Il fallait donc du moins mettre en garnison à Paris, des régiments bien connus pour leur attachement à votre dynastie, et ne pas en confier la défense à une armée dont plusieurs bataillons avaient à vaincre d'abord leurs opinions libérales, avant de songer à vaincre l'insurrection de la rue. Vous ne l'avez point fait; vous êtes encore coupable. Plût à Dieu que les fautes se rattachant au coup d'Etat se fussent bornées là! Mais, pour mettre le comble à la mesure, après que vos troupes ont eu évacué, en déroute, la capitale, une fois l'insurrection victorieuse, vous avez eu l'incroyable faiblesse de faire toutes les concessions que l'on vous avait demandées pour prix de la cessation des hostilités, et que vous aviez refusées jusqu'alors. Un autre acte de faiblesse encore plus grande, c'est d'avoir pris la fuite devant l'insurrection qui était venue à Rambouillet pour vous effrayer et vous faire quitter la France. Vous étiez protégé par une armée dévouée et solide de 12,000 hommes, appuyée de 42 pièces de canon. Un de vos généraux vous suppliait de laisser prendre à l'autorité royale, sur ce troupeau d'hommes, cette cohue sans discipline, sans expérience des choses de la guerre, et presque toute sans armes, une revanche éclatante de la défaite essuyée dans la capitale ; vous deviez le laisser faire. Bien plus, votre devoir était de commander de le faire, et d'aller ensuite à la rencontre des armées des camps de Lunéville et de Saint-Omer, qui, sur des ordres, hélas ! trop tardifs, accouraient à marche forcée vers Paris. Avec de telles troupes, bien plus que suffisantes, il fallait rentrer à Paris, en balayer sans pitié tous les révolutionnaires, réduire au besoin la ville à merci et faire triompher complètement la cause de l'autorité royale. Voilà quel était votre devoir, voilà ce que vous n'avez point fait, voilà votre plus grande faute, parce qu'elle a ouvert la brèche par laquelle la souveraineté nationale a pénétré dans la citadelle du droit divin monarchique. Vainement vous nous diriez, pour excuses, qu'après votre abdication il eût été inutile de faire couler encore le sang de vos sujets, pour le maintien d'une autorité dont vous vous étiez dépouillé volontairement, afin de vous infliger à vous-même la punition que vous aviez méritée, nulle puissance humaine ne pouvant vous punir légalement. Tous les partisans du droit divin se lèveront comme un seul homme pour vous répondre d'une commune voix : Vous n'aviez point le droit d'agir ainsi ! Le pouvoir suprême vaincu dans votre personne, par votre faute, il n'y avait pour vous de réhabilitation possible, devant votre conscience, devant le présent et devant l'avenir, qu'en remettant intact, à votre héritier, le souverain pouvoir qui vous avait été transmis intact, ou bien en mourant en héros écrasé sous les débris du trône.

A cette accusation des partisans du droit divin, joignez celle des monarchistes constitutionnels, disant : Nous savions que le comte d'Artois, le lendemain de son entrée officielle à Paris, après le départ de Napoléon pour l'île d'Elbe, n'avait pas voulu tenir du gouvernement provisoire ses pouvoirs de lieutenant-général du royaume ; nous savions qu'il avait fallu l'intervention et même l'injonction de l'empereur de Russie pour lui faire accepter le projet de constitution sénatoriale, par l'art. 2 duquel le peuple français appelait librement au trône Louis-Stanislas-Xavier de France; nous savions qu'il avait été le premier à conseiller à Louis XVIII de faire disparaître de la Charte, malgré sa déclaration de Saint-Ouen, toutes les expressions tendant à faire croire au droit national, c'est-à-dire au pouvoir qu'avait la nation d'appeler librement au trône Louis XVIII ; nous savions que, plus royaliste que le roi, il avait, sous le règne de Louis XVIII, son petit Etat dans le grand Etat officiel de la France, et qu'il faisait secrètement de l'opposition au gouvernement du roi, parce que celui-ci était convaincu qu'il fallait songer à compter sérieusement avec les partisans du régime constitutionnel, pour pouvoir gouverner paisiblement et utilement la France. Roi, nous avons jugé Charles X à ses œuvres et acquis la certitude, dès le début même de son règne, que la moindre concession aux partisans du régime constitutionnel lui paraissait une atteinte à sa suprématie royale. Le ministère Martignac tombé devant l'opposition, qui grandissait toujours à cause des aspirations permanentes du roi au retour du passé, Charles X se jette alors, corps et âme, dans la réaction absolutiste et vient encore se heurter et choir contre les difficultés du coup d'Etat du 25 juillet. Inflexible, inexorable tant qu'il crut pouvoir dominer la situation, il signa le retrait des ordonnances et le renvoi de ses ministres aussitôt qu'il apprit la nouvelle officielle que l'armée avait fui, en déroute, de Paris. Une panique s'était emparée de lui.... « Me voilà dans la position où était mon malheureux frère en 1792; mais j'aurai l'avantage d'avoir moins souffert que lui; en trois jours tout aura été terminé avec la monarchie; la fin du monarque sera la même. » Une fois sur la pente des concessions, Charles X ne peut s'y tenir arrêté. Les rênes du char de l'Etat sont devenues trop lourdes pour ses mains; le 1er août, il les met dans celles du duc d'Orléans, qu'il nomme lieutenant-général du royaume, disant que c'était pour mettre fin aux troubles existants dans la capitale et dans une partie de la France. Ce n'était point encore assez pour la sûreté de sa personne; le 2 août, il abdique, après avoir jeté à l'insurrection ce dernier défi : « Si l'on cherchait à attenter à la vie du roi et de sa famille, il se défendrait jusqu'à la mort. » Mais le lendemain les insurgés vinrent à Rambouillet, au nombre de 80,000, presque tous sans armes, prouver à Charles X que le droit national n'avait point peur de la force, lui apprendre que le langage du pouvoir légalement vaincu doit être celui de la modestie, et non pas d'une protestation menaçante. Mais le roi, au lieu de soutenir son défi de la veille, se contenta de dire qu'il y avait assez de sang répandu pour sa cause; et il prit la fuite, malgré les instances d'un des généraux de l'armée d'élite qui le protégeait et qui, cette fois, lui promettait la victoire. Voilà l'usage que fit Charles X de la force légale mise au service du pouvoir souverain, pour obtenir obéissance et respect. Ferme, inexorable, tant qu'il se crut fort, il fut pusillanime quand il se crut faible. Or, est-il digne de porter l'épée de l'autorité, celui qui ne sait point s'en servir? Et si les légitimistes les plus ardents n'ont jamais songé à contester la légitimité de la transmission de la couronne de nos rois mérovingiens à Pépin, maire du palais, parce que de l'aveu du pape Zacharie, consulté sur ce sujet, l'autorité suprême appartenait, de droit, à celui qui avait la force de la faire respecter, ont-ils raison aujourd'hui de contester à la nation française le droit de disposer de la couronne, qu'un roi trop faible pour la faire respecter, avait laissé tomber dans la boue d'une insurrection provoquée par lui et qu'il ne pût vaincre ?

Ce qui est vrai en soi et que les partisans de la théorie du droit divin ne peuvent se résoudre à regarder comme vrai maintenant, deviendra par la force du temps, l'apaisement des préjugés et des passions politiques, une verité de principe aussi évidente, aussi incontestable, pour la transmission du pouvoir souverain, que le principe en vertu duquel les trois premières races royales se sont succédé sur le trône de France. Ce principe c'est le droit national, ou le pouvoir que Dieu a donné à chaque peuple de déléguer l'exercice de la souveraineté à qui et à telles conditions que bon lui semble, et de changer la dynastie de ses rois, quand d'impérieuses nécessités politiques l'exigent.

Enfin, les libres-penseurs politiques viennent, à leur tour, réclamer leur part de la victoire des journées de la révolution de Juillet. Je les entends invoquer à l'appui de la thèse de la souveraineté nationale, le système inventé par le roi qui, en France, a porté l'absolutisme à la dernière limite du possible. Je veux parler du gallicanisme politique. Louis XIV, disent-ils, non content d'avoir mis lui-même en pratique ce système, et d'avoir recommandé à ses héritiers d'en faire leur *memento* quotidien, leur *vade mecum* politique, s'avisa, un beau jour, de le faire ériger en doctrine orthodoxe, par une sorte de concile provincial, afin de l'inculquer ainsi aux consciences timorées. Or, d'après ce système, les choses de l'ordre politique sont indépendantes des choses de l'ordre moral, de telle sorte que la nécessité politique seule peut, dans des cas extrêmes, motiver, justifier la conduite du pouvoir, qui se trouve ainsi affranchi des règles de la morale régissant les contrats ordinaires intervenus entre des tiers. Reportez-vous un instant au testament politique et aux mémoires de Louis XIV, ce grand ancêtre de l'absolutisme, qui pensait que la nation ne faisait pas corps en France, mais qu'elle résidait tout entière dans la personne du roi, qui disait : « L'Etat, c'est moi ! » qui prétendait que la vie de ses sujets étant le propre bien du prince, celui-ci devait avoir le plus grand soin de la conserver. (Ce qui veut dire que si le roi devait ménager le sang de ses sujets, ce n'était point pour un autre motif que l'intérêt du propriétaire d'un domaine, dont le produit est en proportion directe du nombre de bras qui le cultivent.) La citation suivante vous donnera une juste idée du cas que Louis XIV faisait de la morale, en politique : « En se dispensant d'observer les traités à la rigueur, on n'y contrevient pas, parce qu'on n'a pas pris, à la lettre, les paroles des traités, quoiqu'on ne puisse employer que celles-là ; comme il se fait dans le monde pour celles des compliments absolument nécessaires pour vivre ensemble, et qui n'ont qu'une signification bien au-dessous de ce qu'elles sonnent. »

Eh bien, le pouvoir suprême que la nation avait délégué à vos ancêtres, sans conditions d'après vous, nous l'avons repris par la révolution de Juillet, disent les libres-penseurs politiques, et nous l'avons repris en vertu précisément de cette impérieuse nécessité, arme que Louis XIV, votre aïeul, croyait avoir inventée comme une sorte de machine de guerre devant faire surmonter à ses descendants tous les obstacles, toutes les oppositions que pourrait rencontrer la suprématie royale ! Nous avons renversé le roi et l'avons déclaré déchu du trône, ainsi que ses descendants, parce que le pouvoir était devenu, entre ses mains, un motif de divisions, de rivalités, de surexcitations, de haines politiques, dans tous les rangs de la société, en France; parce que, provocateur de l'opinion publique, il en avait méconnu les droits et la force; parce qu'il avait été cause de la guerre civile, en publiant les ordonnances; nous l'avons renversé, obligé à s'exiler de France, parce que la dynastie des Bourbons venait de montrer qu'elle était incorrigible et usée dans sa politique surannée; parce que la seule royauté alors possible, en France, était celle du duc d'Orléans, et que la présence, dans le même pays, de deux familles royales dont l'une renversée et l'autre nouvellement élue au trône, est impossible pour le repos public;

parce qu'enfin il y avait nécessité politique, ce qui résume tous les droits pour une nation, d'après les doctrines mêmes du plus grand roi de la vieille monarchie absolue, en France.

Voilà ce que les divers partis politiques ont pu, à juste titre, reprocher à Charles X, après sa chute. Pensez-vous que j'aie tort de le répéter aujourd'hui à ceux qui prétendent que le comte de Chambord est de par un droit patrimonial, roi de France depuis le 3 août 1830? Eh bien! en attendant que vous me démontriez que je n'ai pas raison, Monsieur, je prie Dieu qu'il vous ait en sa sainte garde.

Neuvième Lettre du Légitimiste.

MONSIEUR,

Je vois maintenant qu'il est inutile de prolonger plus longtemps, avec vous, ma correspondence électorale. Vous êtes un homme d'une conversion difficile, en politique. Il vous faut des gouvernements impeccables. Je doute que vous puissiez jamais réaliser votre idéal, à cet égard. De quelque côté que vous portiez vos vues, n'oubliez pas que vous serez toujours avec des hommes sujets à se tromper. Quoi qu'il en soit, vous vous devez à vous-même, ainsi qu'au bonheur et à la tranquillité de la France, d'unir vos efforts à ceux de tous les conservateurs, de tous les vrais gens d'ordre, afin d'éclairer les populations rurales sur un bon choix de députés, aux prochaines élections générales. De là dépend le salut de la France.

Que si le bon sens des braves, des laborieux habitants des champs où vous habitez, leur suggérait de donner leurs suffrages aux partisans du retour d'Henri V, permettez-moi de vous dire que votre conscience politique ne saurait être exempte de remords, si vous veniez à employer votre influence pour leur faire changer d'opinion et mettre dans l'urne électorale un vote anti-légitimiste. Il est de la loyauté d'un honnête homme de respecter les convictions politiques de son voisin, quand elles sont aussi respectables que celles se rattachant à un système de gouvernement qui, pendant plus de huit siècles consécutifs, a fait de la France la plus belle, la plus riche, la plus prépondérante, la plus enviée des nations de l'Europe.

Une dernière réflexion me vient à l'instant, à propos de la France des Bourbons. Je ne puis résister au besoin que j'éprouve de vous la communiquer. La voici : Les grandes possessions territoriales qu'avait Hugues Capet, lors de son avènement au trône, sont devenues le domaine de la France, ainsi que les agrandissements successifs de territoire, dûs aux alliances contractées par les Bourbons avec des princesses des cours étrangères. Ces possessions leur appartenaient au même titre qu'un domaine appartient à un simple particulier. D'où je conclus que les partisans de la souveraineté nationale, en chassant les Bourbons du trône, ont assumé sur leur tête la responsabilité de la plus grande spoliation que l'on ait jamais vue. Mais s'il est vrai que le bien mal acquis n'a jamais profité longtemps entre les mains de celui qui s'en est emparé, et s'il est non moins vrai que Dieu exige jusqu'à la dernière génération, la restitution d'un bien mal acquis, il n'est pas surprenant que, depuis la chute de Charles X, la couronne de France soit restée si peu de temps sur la tête de ceux qui ont eu l'audace de la porter. Vous aurez beau dire et beau faire, vous ne m'ôterez jamais la conviction que les leçons du passé ne tarderont pas à devenir enfin un enseignement pour l'avenir.

En terminant, Monsieur, permettez-moi de prier Dieu qu'il ait pitié de vos convictions politiques, et qu'il vous amène, vous et vos partisans, à la seule et véritable conviction pouvant faire le bonheur d'un grand peuple.

Réponse à la neuvième Lettre.

Monsieur,

Je me hâte de vous dire que je ne suis pas aussi exigeant que vous le pensez, pour les gouvernements. Je me contenterais volontiers d'un qui pécherait sept fois le jour, comme le juste, pourvu que ses fautes fussent légères et qu'il s'en relevât immédiatement.

Nul ne respecte plus que moi les convictions

muettes. Mais quand un homme croit le moment venu de faire franchir à ses idées le seuil du sanctuaire de sa conscience, où il les avait tenues jusqu'alors dans une sorte de vénération isolée, il est bien entendu qu'aussitôt je les regarde, je les examine, je les juge.

Loin de moi la pensée de marchander aux Bourbons les titres de reconnaissance que la France leur doit pour le bien qu'ils lui ont fait. Mais, à Dieu ne plaise ! qu'il entre jamais dans mes convictions, de croire et d'essayer de persuader aux autres, que les vastes possessions territoriales du premier roi Capétien, et celles dont la France s'est agrandie sous les descendants de Hugues Capet, par simple voie d'alliances matrimoniales, appartiennent encore aux Bourbons et que, par conséquent, il faut ou bien appeler sur le trône de France, le représentant, l'héritier de cette race, ou bien lui restituer, sous peine d'usurpation, les apports faits par ses aïeux à la France, ou bien enfin lui en payer la valeur, si pour cause d'utilité publique et pour ne pas créer un Etat dans un autre Etat, la France veut garder, dans son giron, la possession administrative des provinces provenant d'une origine Bourbonnienne. La raison en est bien simple, c'est qu'en vertu d'une loi fort ancienne, que vous paraissez avoir oubliée, dont je ne puis préciser la date, mais qui fut appliquée encore sous Louis XVIII et Charles X, tous les biens immeubles appartenant au prince qui montait sur le trône de France, faisaient, de droit, immédiatement partie des domaines de l'Etat.

Mais supposons que les lois régissant la destination de la fortune patrimoniale du prince, à son avènement au trône, n'eussent pas existé, ne pourrait-on pas, avec toute apparence de bonnes raisons, répondre à votre objetion de spoliation, ainsi qu'il suit : Qu'est-ce qu'un Etat ? N'est-ce pas une immense société universelle de gains, *sui generis,* dont le roi est le chef et ses sujets les membres ? Or, tout gérant d'une société est responsable de son administration, surtout quand il s'attribue, sans contrôle, telle part que bon lui semble des bénéfices et qu'il agit sans consulter aucun conseil administratif ? N'est-ce pas dans cette situation que la France s'est trouvée à l'égard des Bourbons, jusqu'à la publication de la Charte de 1814, portant création d'une liste civile ? Cette vaste société, qui avait pour devise : *La nation française,* les Bourbons ou leurs aïeux ne l'ont-ils pas gouvernée et administrée en maîtres absolus, sans contrôle, au gré de leurs caprices, pendant huit siècles ?

Quel est celui qui, ayant lu l'histoire attentivement, ne s'est indigné au récit des moyens employés par nos rois absolus, pour combler le déficit du trésor et pourvoir aux dépenses sans mesures de misérables et indignes favoris ? Que penser des dilapidations de ces traitants, dont un avait poussé son insolente munificence jusqu'à dépenser 120,000 livres pour un dîner ? Que dire des deux milliards et demi de dettes laissées au Trésor par Louis XIV, pour dépenses de guerre et autres entreprises extravagantes, non-seulement sans but utile, mais encore contraires aux véritables intérêts de la nation, et dont l'ambition ou l'orgueil froissé du roi avait seul fait naître la cause? Est-ce assez? ou bien faut-il ajouter que les licencieuses prodigalités de Louis XV ayant achevé d'obérer le Trésor public, ses ministres ne trouvèrent d'autres moyens qu'une banqueroute pour réduire la dette de l'Etat, mesure qui acheva de porter à son comble l'indignation nationale contre le gouvernement absolu?

Le comte de Chambord, héritier de tous ces rois, peut donc présenter, quand il le voudra, l'état estimatif des revenus et des produits de la possession administrative que la nation a eue des domaines des rois Capétiens en Bourbonniens. La France aura à lui offrir, en compensation, et le produit de la liste civile touchée par les rois ses ancêtres, et les milliards dépensés dans leurs folles entreprises, et les dettes laissées au Trésor, et la banqueroute qui en a été la suite, et enfin le sang de ses enfants, versé injustement. Vous verrez, après balance faite, que la France est encore créancière des Bourbons.

Sur ce, permettez-moi de terminer dans l'espoir que ma politique ne vous paraîtra plus si exigeante, et que désormais vous n'y verrez que la conséquence nécessaire d'un principe juste.

Agréez, etc.

Clermont, typ. Mont-Louis.

www.ingramcontent.com/pod-product-compliance
Lightning Source LLC
LaVergne TN
LVHW020408230826
846091LV00004B/1201

* 9 7 8 2 0 1 1 7 8 5 8 4 8 *